Scriptor Praxis

STEPHAN RADEMACHER

Schulrecht in der Praxis: Aufsichtspflicht und Haftung

Kompakt und aktuell – mit vielen Beispielen

Cornelsen

Der Autor

Dipl. jur. Stephan Rademacher ist beim Schulamt der Stadt Bremerhaven in der Schulaufsicht tätig und Dozent für schulrechtliche Themen am Landesinstitut für Schule in Bremen.

Projektleitung: Juliane Maaß, Berlin
Redaktion: Marion Clausen, Berlin
Umschlagkonzept: Kerstin Zipfel, München
Umschlaggestaltung: LemmeDesign, Berlin
Umschlagfoto: © Shutterstock/Monkey Business Images
Layout/technische Umsetzung: LemmeDesign, Berlin
Bildquelle S. 8: © Shutterstock/hanohiki

www.cornelsen.de

1. Auflage 2020

Druck: H. Heenemann, Berlin

ISBN 978-3-589-16668-8

PEFC zertifiziert
Dieses Produkt stammt aus nachhaltig bewirtschafteten Wäldern und kontrollierten Quellen.
www.pefc.de

Inhaltsverzeichnis

Geleitwort von Prof. Dr. Hans-Peter Füssel

Univ.-Prof. an der HU Berlin a. D., Assoziierter Wissenschaftler am DIPF – Leibniz-Institut für Bildungsforschung und Bildungsinformation

Die Unfallversicherung zählte für das Jahr 2017 bei rund 8,3 Millionen Schülerinnen und Schüler an allgemeinbildenden Schulen insgesamt rund 877 000 Unfälle, immerhin 105 Unfälle je 1 000 Schüler.[1] Nicht jeder Unfall ist Folge einer Aufsichtspflichtverletzung – aber er könnte es sein (ist es aber in der weit überwiegenden Mehrzahl nicht!). An dieser Stelle beginnt möglicherweise ein unheilvoller Prozess, der gespeist wird von der Besorgnis und Unsicherheit von Lehrkräften, und der zunehmend befeuert wird von der Vorstellung der Eltern und Kinder, dass für jeden Unfall immer eine andere Person (zumindest mit) verantwortlich sein muss. Der oder diejenige, dem diese Verantwortung zugeschrieben wird, ist die betreffende Lehrkraft. Um hier Abhilfe zu schaffen, ist Aufklärung der erste Schritt – entsprechend wichtig sind Werke, die über das Thema umfassend und verlässlich informieren, wie dieses vorliegende Buch.

Aufklärung und Information müssen aber doppelt gedacht und praktiziert werden: einerseits durch die Vermittlung von Wissen über die Regelungen der Aufsichtspflicht, andererseits durch die Nutzung dieses Wissens, um Lehrkräfte zu stärken, bei ihrem täglichen Handeln, aber auch im selbstbewussten Umgang mit Beschuldigungen. Die Informationen, die dieses Buch bietet, können dabei eine gute Grundlage für das notwendige Vertrauen in das eigene Handeln sein, auch indem sie mit Kolleginnen und Kollegen erörtert werden.

Dabei wird sich herausstellen, dass „das mit der Aufsichtspflicht" trotz der Vielzahl möglicher Fallkonstellationen viel klarer geregelt ist, als man oft meint: Vorschriften schützen die Lehrkraft, die sich vernünftig und überlegt verhalten hat (normal also), und für die Bewältigung eines dennoch eingetretenen Schadens besteht ein nicht ganz einfach strukturiertes, aber letztlich dem Geschädigten helfendes System von Unterstützungen.

Um dieses zu verstehen, muss man nicht gleich Jura studieren, sondern sich informieren, sich austauschen und auch ab und an das Wissen auffrischen. Dazu kann und soll das vorliegende Buch beitragen, dem ich eine gute Resonanz und Akzeptanz bei den denjenigen wünsche, für die es geschrieben wurde: für die Lehrerinnen und Lehrer, in der Ausbildung ebenso wie im aktiven Dienst.

1 Deutsche Gesetzliche Unfallversicherung (Hrsg.): Statistik – Schülerunfallgeschehen 2017, Berlin 2018, S. 6.

Einleitung

Empfinden Sie, liebe Leserinnen und Leser, bei dem Gedanken an die schulische Aufsichtspflicht ein gewisses Unbehagen? Haben Sie das Gefühl, dass die Inhalte dieser doch so wichtigen Dienstpflicht recht konturlos und wenig greifbar sind?

Dann sind Sie nicht allein! Zahlreiche Kolleginnen und Kollegen sind unsicher darüber, wie sie sich in verschiedenen Situationen des Schulalltags verhalten müssen, um ihre Aufsichtspflicht zu erfüllen. Sie meinen häufig, den strengen Vorgaben der Gerichte ohnehin nicht nachkommen zu können, weshalb sie glauben, regelmäßig mit „einem Bein im Gefängnis" zu stehen.

Worauf ist diese Unsicherheit zurückzuführen? Zum einen sicherlich darauf, dass die einzelnen Bundesländer die Inhalte der Aufsichtspflicht nur ansatzweise durch Rechtsvorschriften konkretisiert haben. So beschränkt sich z. B. der bremische Schulgesetzgeber darauf, in § 8 Abs. 1 der Lehrerdienstordnung auf die Aufsichtspflicht hinzuweisen: „In Wahrnehmung ihrer Fürsorgepflicht üben die Lehrerinnen und Lehrer die Aufsicht über die ihnen anvertrauten Schülerinnen und Schüler aus." Verwaltungsvorschriften, die das genauere „Wie" der Aufsichtsführung regeln, finden sich dagegen kaum. Zum anderen – und das ist gewissermaßen der Hintergrund für die nur spärlich vorhandenen Rechtsvorschriften – werden Inhalt und Umfang der Aufsichtspflicht vor allem durch Gerichtsentscheidungen konkretisiert („case law"). Die Richter treffen am Einzelfall orientierte Entscheidungen, für die dann jeweils geprüft werden muss, inwieweit sie sich auf andere Bereiche übertragen lassen.

Das Hauptanliegen dieses Buches ist es, Ihnen das Unbehagen vor der schulischen Aufsichtspflicht weitgehend zu nehmen. Die Rechtsprechung stellt für die Beantwortung der Frage, ob eine Lehrkraft ihrer Aufsichtspflicht genügt hat, weitgehend darauf ab, wie sich Eltern in einer vergleichbaren Situation hätten verhalten müssen. Insoweit verlangen die Gerichte von den Lehrkräften also nichts Unmögliches, sondern sie fordern im Grunde nur das, was ohnehin von einer vernünftigen Aufsichtsperson zu erwarten ist. Welche Handlungen das genau sind, soll im weiteren Verlauf an zahlreichen Beispielen verdeutlicht werden.

Die folgenden Ausführungen teilen sich in vier Kapitel, zwei größere (Grundlagen der schulischen Aufsichtspflicht und die Aufsichtsbereiche) sowie zwei kürzere, die sich mit den möglichen Rechtsfolgen einer Aufsichtspflichtverletzung befassen und auf die Besonderheiten von Erste-Hilfe-Maßnahmen für Lehrkräfte eingehen.

„Lehrer haften für ihre Schüler!" – aber nicht immer!

Wir kennen die etwas einschüchternden gelben Schilder vor Baustellen und fremden Grundstücken: „Betreten verboten. Eltern haften für ihre Kinder!" So unmissverständlich sie in ihrer Formulierung sein mögen, so rechtlich unzutreffend sind sie auch – und zwar sowohl für den Bereich der elterlichen Haftung als auch für die Haftung der Lehrkräfte im Schulalltag! Der Grund dafür besteht darin, dass die Schilder im Hinblick auf die Haftungsfolgen einen Automatismus suggerieren, den es aus rechtlicher Sicht so gar nicht gibt:

Aber nur wenn sie gegen ihre Aufsichtspflicht verstoßen!
© Shutterstock/hanohiki

Zunächst einmal können Eltern oder andere aufsichtspflichtige Personen im Falle eines Schadenseintritts immer nur dann zur Verantwortung gezogen werden, wenn sie gegenüber dem zu beaufsichtigenden Kind diejenige Sorgfaltspflicht außer Acht gelassen haben, die man von einer verständigen Aufsichtsperson in der konkreten Situation erwartet hätte. Haben sie sich hingegen genau so verhalten, wie man es von verständigen Aufsichtspflichtigen verlangen würde, und kommt es dann trotzdem zu einem Personen-

oder Vermögensschaden, so können sie dafür nicht haftbar gemacht werden. Mit anderen Worten: Wir dürfen nicht die „Schere im Kopf" haben, dass mit einem Schadenseintritt automatisch auch eine Haftungsfolge zulasten des Aufsichtspflichtigen verbunden ist.

Zugegeben: Das ist nicht so einfach, und insbesondere wir Lehrkräfte tun uns damit hinreichend schwer. Wenn es zu einem Schaden kommt, mag das gerade im Falle eines Personenschadens wie Körperverletzung oder gar Tötung ungeheuer belastend und mit erheblichem Leid verbunden sein – und trotzdem muss die aufsichtspflichtige Person nur dann dafür einstehen, wenn ihr auch ein Vorwurf gemacht werden kann.

Die ersten beiden Kapitel dieses Buches widmen sich daher genau der Frage, wann dem Aufsichtspflichtigen ein solcher Vorwurf gemacht werden kann, weil eine unrechtmäßige Aufsichtsführung vorliegt. Dazu wird in Kapitel 1 zunächst ausführlich auf allgemeine Grundlagen zur Aufsichtsführung eingegangen, bevor dann in Kapitel 2 wichtige Aufsichtsbereiche aus dem Schulalltag im Vordergrund stehen.

Darüber hinaus gibt es aber auch keinen Automatismus dergestalt, dass jede unzureichende Aufsichtsführung immer auch zu einer Haftung führt. Hat z. B. eine Lehrkraft ihre Pausenaufsicht nachweislich nicht angemessen geführt und wurde währenddessen ein Auto durch einen Steinwurf vom Schulhof aus beschädigt, muss das nicht unbedingt mit haftungsrechtlichen Konsequenzen verbunden sein.

Im Rahmen der rechtlichen Prüfung sind nämlich vorab noch weitere wichtige Fragen bzw. Tatbestandsvoraussetzungen zu klären, bevor endgültig über eine Haftung für den eingetretenen Schaden entschieden werden kann. Dazu gehört unter anderem die Frage, ob der Schaden auch eingetreten wäre, wenn die Aufsichtsführung durch die Lehrkraft rechtmäßig erfolgt wäre – juristisch ausgedrückt geht es um die Frage nach der Kausalität der mangelhaften Aufsichtshandlug für den eingetretenen Schaden.

Käme in unserem kleinen Beispielsfall eine Richterin oder ein Gutachter zu dem Ergebnis, dass das fremde Auto auch dann beschädigt worden wäre, wenn die Lehrkraft in unmittelbarer Nähe zu dem Steine werfenden Schüler gestanden hätte, weil sie ihn nämlich aufgrund der Schnelligkeit der körperlichen Bewegungen ohnehin nicht hätte aufhalten können, dann fehlt es aus rechtlicher Sicht an der erforderlichen Kausalität. Denn warum sollte eine unzureichende Aufsichtsführung zu einer Haftung für einen Schaden führen, wenn dieser doch auch bei einer rechtmäßigen Aufsichtsführung eingetreten wäre? Auf diese und weitere Fragen wird im vorletzten Kapitel näher eingegangen (vgl. dazu insbesondere Abschnitt 3.1).

Schließlich ist von großer Bedeutung, dass sich Ansprüche einer verletzten Person nur selten gegen die Lehrkraft persönlich richten, denn entweder findet eine Haftungsüberleitung auf die Gesetzliche (Schüler-)Unfallversicherung statt oder die Anstellungskörperschaft (bei Beamten) bzw. der Arbeitgeber (bei Beschäftigten) leistet im Wege der sog. *Amtshaftung*. Einzelheiten dazu finden Sie ebenfalls im dritten Kapitel dieses Buches (vgl. Abschnitt 3.3).

Die vorgenannten Feststellungen sollen Sie nun nicht dazu verführen, das Thema Aufsichtspflicht auf die leichte Schulter zu nehmen, weil Sie für sich nun zu dem Ergebnis gekommen sind, dass Ihnen im Falle einer unzureichenden Aufsichtsführung kaum etwas passieren kann. Das wäre gewiss nicht meine Intention gewesen! Vielmehr habe ich versucht aufzuzeigen, dass das Thema „Aufsichtspflicht" zu keiner Hysterie in unserem Schulalltag führen darf und dass sich Kolleginnen und Kollegen im Falle der Verletzung einer Schülerin bzw. eines Schülers nicht sofort eine Schuld daran geben dürfen. Gleichwohl sollte es unser eigener Anspruch sein, dieser so wichtigen Dienstpflicht in unserem Berufsalltag so gut es uns möglich ist nachzukommen!

Grundlagen

1

1.1 Inhalt der Aufsichtspflicht

PRAXIS BEISPIEL

Während der Schulpause holt Schüler K verschiedene Feuerwerkskörper aus seiner Jackentasche, die er von den Silvester-Feierlichkeiten übrig behalten hat. Er zündet sie an und wirft sie in Richtung seiner Mitschüler. Auch neben dem Ohr des Hausmeisters, der gerade den Schulhof überquert, explodiert ein solcher Knallkörper.

Der Inhalt der schulischen Aufsichtspflicht erstreckt sich grundsätzlich in *zwei Richtungen:* Zum einen geht es darum, den *Schüler* vor Schäden an seiner Gesundheit und an seinem Vermögen zu schützen. Der BGH formulierte dies bereits Mitte der 1960er-Jahre so: „Die Schule und ihre Bediensteten haben nicht nur die Pflicht, für die geistige, charakterliche und körperliche Erziehung der Schulkinder zu sorgen, sondern sie auch im zumutbaren Umfange während der Schulveranstaltungen vor Schäden an Gesundheit und Vermögen zu bewahren. Insoweit besteht kein besonderes Fürsorgepflichtverhältnis, sondern es geht um Pflichten im Rahmen der allgemeinen Amtspflichten des Lehrers […].“[1]

Zum anderen ist es die Aufgabe der Schule, *andere Personen* vor Schäden zu bewahren, die durch Handlungen des Schülers entstehen können. Zu diesem Personenkreis zählen ohne Weiteres alle anderen Schülerinnen und Schüler der Schule, die Lehrkräfte sowie die Bediensteten (z. B. Hausmeister) der Schule.

PRAXIS BEISPIEL

Für einen Einkauf stellt Herr P sein Fahrzeug auf einem Parkplatz ab, der in unmittelbarer Nähe zu einer Grundschule gelegen ist. Ein Augenzeuge sieht, wie Schülerinnen und Schüler dieser Schule in der Pause Steine in Richtung des Parkplatzes werfen und dabei auch das Fahrzeug von Herrn P beschädigen. Da die „Täter“ nicht ermittelt werden können, wendet sich Herr P an die Schule und behauptet, dass die Pausenaufsicht unzureichend gehandelt habe und deshalb eine Aufsichtspflichtverletzung vorliege.

Nicht ganz einheitlich wurde lange Zeit die Frage beantwortet, inwieweit durch die schulische Aufsichtspflicht auch *schulfremde Personen* vor Schäden geschützt werden müssen. Während manche Gerichte wie z. B. das OLG Celle[2] solche schulfremden Personen vom Schutzbereich der Norm eher ausschlossen, bezieht sie der BGH[3] mittlerweile richtigerweise mit ein. Eine konkrete Begründung dafür bleibt er allerdings schuldig.

1.2 Aufsichtspflichtige Personengruppen

Die schulische Aufsichtspflicht zeigt sich je nach Zielgruppe in verschiedenen Ausprägungen: Während sie für die Schulleitung in erster Linie eine Organisations- und Überwachungspflicht ist, stellt sie für die unterrichtenden Lehrkräfte und Referendare vor allem eine Handlungspflicht dar. Für den Schulträger wiederum, in dessen Eigentum die Schulgebäude meist stehen, ist die Aufsichtspflicht vor allem eine Verkehrssicherungspflicht.

1.2.1 Schulleitung

Schulleiter haben in der Regel einen besonderen Blick auf das Thema Aufsichtspflicht. Anders als für die Lehrkräfte geht es für sie nämlich nicht nur um die konkrete Beaufsichtigung einzelner Kinder und Jugendliche und somit um das „operative Alltagsgeschäft", sondern sie sind aufgrund ihrer Gesamtverantwortung für die Schule auch für den übergeordneten organisatorischen Rahmen verantwortlich, in welchem sich die Aufsichtspflicht der einzelnen Kollegen erst vollzieht. Für Schulleiter stellt sich die schulische Aufsichtspflicht daher in erster Linie als eine *Organisationspflicht* dar. Bevor auf einzelne alltagspraktische Fragen näher eingegangen wird, sollen die wichtigsten Organisationspflichten der Schulleitung im Hinblick auf die Aufsichtspflicht kurz umrissen werden:

Zum einen obliegt es der Schulleitung, einen *Aufsichtsplan* für diejenigen Zeiträume aufzustellen, in denen die Kinder ohne unmittelbare Aufsicht einer Lehrkraft wären. Dazu zählen

- eine angemessene Zeit vor und nach dem Unterricht,
- die Pausen,
- ausfallende Unterrichtsstunden,
- Freistunden sowie
- die Zeit, in der Schüler an Schulbushaltestellen ein- und aussteigen.

Mit der Erstellung des Aufsichtsplans ist die Organisationspflicht des Schulleiters aber noch nicht erfüllt. Vielmehr muss er sich auch stichprobenartig davon überzeugen, dass die delegierte Aufsicht ordnungsgemäß ausgeübt wird. Stellt sich im Falle eines Unfalls die Organisation der Aufsicht als ungeeignet dar, so kann den Schulleiter im Einzelfall ein Organisationsverschulden treffen. Ebenfalls muss der Schulleiter prüfen, ob bei *besonderen Schulveranstaltungen* (z. B. Exkursionen, Klassenfahrten, Schulveranstaltungen) der Umfang der üblichen Aufsicht noch ausreicht; bei Bedarf muss die Zahl der Aufsichtspflichtigen erhöht werden.

Des Weiteren muss der Schulleiter Verbote in Form von *Weisungen* aussprechen, wenn sich bestimmte Gefahren zu realisieren drohen. Dazu kann

z. B. die Weisung zählen, dass jüngere Schülerinnen und Schüler in den Pausen das Schulgrundstück nicht verlassen dürfen, sofern dieses nicht bereits durch schulgesetzliche Vorschriften verboten ist. Beobachtet der Schulleiter einer Grundschule, wie für eine bevorstehende Weihnachtsfeier Schulbänke in mehreren Stockwerken ohne weitere Sicherung übereinander gestapelt werden, muss er davon ausgehen, dass vermutlich Kinder hinaufklettern werden und deshalb den Abbau veranlassen.[4]

Schließlich ist der Schulleiter verpflichtet, den zuständigen Schulträger auf *mögliche Gefahren* hinzuweisen, die sich in dessen Verantwortungsbereich realisieren könnten. Dazu zählen insbesondere Gefahrenpotenziale in dem Schulgebäude (z. B. rutschiger Fußboden), gefahrträchtige Bereiche auf dem übrigen Schulgelände (z. B. defekte Spielgeräte) und Gefahren an Schulbushaltestellen. Für all diese Bereiche trägt der Schulträger grundsätzlich die Verkehrssicherungspflicht, d. h., er ist dafür verantwortlich, dass sich nach Möglichkeit dort keine Gefahren realisieren.

Organisation der Hofaufsicht während der Pause

Zu den Pflichten der Schulleitung zählt unter anderem das Erstellen von Pausenaufsichtsplänen. Vor dem Hintergrund des hohen Gefahrenpotenzials gilt es, diese Pläne sehr sorgsam und umsichtig zu erstellen. Zwar hängt das Ausmaß der Pausenaufsicht stets von den konkreten Umständen der einzelnen Schule ab, doch lassen sich verschiedene *Kriterien* formulieren, die die Schulleitung bei der Erstellung des Aufsichtsplans berücksichtigen muss:

- Größe und Übersichtlichkeit des Schulgeländes,
- Zahl der Schülerinnen und Schüler und deren Alter,
- naheliegende Gefahrenquellen sowie
- Kenntnisse über frühere Vorfälle, die Anlass zu besonderen Vorsichtsmaßnahmen geben.

Allgemein kann man mit dem LG Bonn davon ausgehen, dass bereits bei „Grundschulkindern auch schon der 1. und 2. Klasse es nicht angezeigt ist, ohne konkreten Anlass eine Überwachung durch ständigen Sichtkontakt, wie sie etwa bei Kindergartenkindern noch erfolgen kann und muss, sicherzustellen. Denn es ist Ziel der Erziehung in der Grundschule, den Kindern eine gewisse Eigenständigkeit zu vermitteln, wobei schon davon ausgegangen werden kann, dass sie ein grundlegendes Unrechtsbewusstsein betreffend solcher Sachen haben, die jedenfalls nicht ihnen selbst gehören. Es wäre daher widersinnig, den Kindern das Gefühl ständiger Beobachtung zu vermitteln. Weiter ist es schon von der Personalausstattung der Schulen her jedenfalls auf dem Pausenhof nahezu unmöglich, eine vollständige, permanente Bewachung aller Kinder sicherzustellen."[5]

Das LG Bonn musste sich darüber hinaus in einem konkreten Fall mit der Frage beschäftigen, inwieweit ein Schulleiter bei der Gestaltung des Pausenhofplans auf *frühere Vorfälle* hätte reagieren müssen:

PRAXIS BEISPIEL

Nachbar P ist sauer: Schülerinnen und Schüler der angrenzenden Grundschule hätten gezielt Steine auf seinen Leichtbau-Swimmingpool geworfen, wodurch ein Schaden von rund 1.300 Euro entstanden sei. Der Bereich des Pausenhofgeländes wird regelmäßig im Wechsel von der 1. und 2. Klasse bzw. der 3. und 4. Klasse genutzt und dabei jeweils von einer Lehrkraft, die sich patrouillierend durch den Bereich bewegt, überwacht. Die Aufmerksamkeit der Lehrkraft ist dabei vornehmlich auf eine in dem Pausenhofbereich gelegene Kletteranlage gerichtet.
P gibt an, dass sich schon häufiger in den Unterrichtspausen Kinder aus der Grundschule an seinem Gartenzaun versammelt und Steine und Äste über den Zaun geworfen hätten. Auch seine Frau habe mehrfach am Zaun verschiedene Pausenaufsichten darauf hingewiesen, dass dieses Verhalten unerwünscht sei. Die Hinweise hätten jedoch keine Besserung gebracht. Er erhebt Klage mit der Begründung, dass der Schulleiter aufgrund der wiederholten Hinweise mehr Aufsichtspersonal auf dem Schulhof hätte einsetzen müssen.

Das Gericht lehnte hier einen Amtshaftungsanspruch ab, da der Schulleiter keine Kenntnis von der besonders gefahrträchtigen Stelle hatte. Die Nachbarn hätten sich unmittelbar an ihn wenden müssen und nicht (nur) an die aufsichtführenden Kollegen auf dem Schulhof: „Es könnte daher [...] in Betracht kommen, dass die Schule besonders sensible Bereiche, wie etwa hier die Grundstücksgrenze des Klägers, mit einer eigens abgestellten Lehrkraft überwacht, also nicht die Kinder, sondern die Örtlichkeit beaufsichtigt. Für eine solche besondere Maßnahme bedarf es allerdings aus Gründen der Zumutbarkeit eines besonderen Anlasses, an dem es hier jedoch fehlt. Dabei kann zu Gunsten des Klägers zugestanden werden, dass es schon häufiger zu Steinwürfen durch Kinder in den Garten gekommen war und verschiedene Aufsichtskräfte durch die Ehefrau des Klägers darauf angesprochen wurden. Denn zwar muss die Schule, soweit sie von Rechtsgutsverletzungen oder drohenden Gefahren für Rechtsgüter Dritter Kenntnis erlangt, unter Umständen besondere Vorkehrungen treffen. Dies kann allerdings nur dann gelten, wenn auch die für ein Treffen der Vorkehrungen zuständige Stelle, konkret hier die Schulleitung, diese Kenntnis erlangt. Denn nur die Schulleitung hat es in der Hand, die Pausenaufsichtspläne zu erstellen und dabei Änderungen im Personalaufwand vorzunehmen. Die jeweils einzeln mit der Aufsicht befasste Lehrkraft hingegen kann nur für sich jeweils versuchen, Beschwerden entgegenzuwirken, muss dabei aber aufgrund der Anzahl von Örtlichkeiten und Kindern regelmäßig scheitern. Der Kläger trägt indes schon nicht vor, dass die Situation der Schulleitung zur Kenntnis gebracht worden ist. Eine Pflicht der einzelnen, die Aufsicht führenden Lehrkraft zur unbedingten Weitergabe von Beschwerden Dritter besteht nicht, zumal es nicht Teil des klägerischen Vortrags ist, dass eine Weitergabe an die Schulleitung zugesagt wurde. Denn sowohl objektiv, wie auch subjektiv aus Sicht der Lehrkraft ist es zumutbar und zu erwarten, dass sich der Kläger mit Kritik, die die Organisation der Pausenaufsicht betrifft, an die organisierende Stelle, die Schulleitung, wendet."[6]

Das OLG Celle musste in einem anderen Fall klären, ob ein Schulleiter die *Größe und Übersichtlichkeit* (oder vielleicht besser: die Unübersichtlichkeit) des Schulhofs hinreichend berücksichtigt hatte:

> Frau F parkt ihr Fahrzeug auf einem Parkplatz, der an eine Grundschule grenzt. Nachdem sie das Fahrzeug verlassen hat, werfen einige Schüler der Grundschule Steine in Richtung des Fahrzeugs, wobei es zu einem Sachschaden kommt. L, die einzige Pausenaufsicht, bemerkt das Vorgehen nicht. Frau F macht Schadensersatzansprüche geltend, da der Schulleiter zu wenig Personal für die Pausenaufsicht eingeplant habe.

Das Gericht vertrat die Ansicht, dass der Schulleiter diese Kriterien nicht hinreichend bei seinen Planungen berücksichtigt hat. Es wäre von ihm nicht angemessen bedacht worden, dass der Schulhof sehr groß und unübersichtlich sei und deshalb mehrere Aufsichtspersonen erforderlich gewesen wären: „Nach den vorhandenen Plänen gibt es auf dem Schulhof, bedingt durch die beiden mobilen Klassengebäude, keine Stelle, von der aus eine einzelne Aufsichtsperson einen auch nur annähernd vollständigen Überblick über den gesamten Pausenhof hat. Insbesondere der zwischen der einen mobilen Klasse und der westlichen Grundstücksgrenze liegende Streifen befindet sich auch für eine umhergehende aufsichtsführende (sic!) Person überwiegend fast vollständig außer Sicht. Gerade von dort aus sollen die Steinwürfe aber erfolgt sein. Auf diesem Gelände bewegen sich während der Pause, wie inzwischen unstreitig ist, etwa 300 Schüler, die, da sie die Orientierungsstufe besuchen, im Alter von etwa 10 bis 12 Jahren sind. Bei der Größe und Unübersichtlichkeit dieses Pausengeländes sowie der Anzahl der Schüler kann eine einzelne Lehrkraft nach Meinung des Senats eine wirksame Pausenaufsicht überhaupt nicht durchführen. Eine auch nur lose Kontrolle selbst lediglich der Mehrzahl der Schüler ist wegen der durch die Größe des Geländes, die Anzahl der Schüler und die Bebauung auf dem Gelände in erheblichem Umfang eingeschränkten Beobachtungsmöglichkeit nicht gewährleistet. Im Gegenteil kann die Aufsichtsführung durch eine Person, selbst wenn diese auf dem Schulhof hin und her geht, nur so aussehen, dass ein erheblicher Teil der Schüler während des größten Teils der Pause außerhalb der Sichtmöglichkeit der mit der Aufsicht betrauten Lehrkraft steht und sich deshalb unbeobachtet fühlen kann."[7]

Im Ergebnis wurde somit der Aufsichtsplan des Schulleiters als mangelhaft bewertet, da er aufgrund der Räumlichkeiten und der Schülerzahl nicht nur eine einzige Lehrkraft zur Aufsichtsführung hätte einteilen dürfen.

Mitbeaufsichtigung einer Klasse bei Lehrerausfall

PRAXIS BEISPIEL

Klassenlehrerin K ist an den Planungen einer bevorstehenden Einweihungsfeier beteiligt. Sie teilt dem Schulleiter mit, dass die Generalprobe in der dritten und vierten Stunde stattfinden soll und dass sie daher nicht ihren regulären Unterricht in der 9e wahrnehmen könne. Da der Schulleiter den Unterricht nicht ausfallen lassen möchte, bittet er kurzerhand die Kollegin N, die in dieser Zeit ebenfalls auf der Etage Unterricht hat und deren Klassenraum rund 7,5 Meter entfernt liegt, die Klasse mit zu beaufsichtigen. N öffnet die Türen der beiden Klassenräume und geht kurz nach Unterrichtsbeginn in die fremde Klasse, um nach dem Rechten zu schauen. Nachdem sie den Raum verlassen hat, kommt es zu einer Kreide-, Bleistift- und Radiergummischlacht, bei der sich ein Schüler so schwer am Auge verletzt, dass dieses später erblindet.

Es gehört zum Schulalltag, dass Lehrkräfte krankheitsbedingt oder aus anderen wichtigen Gründen ihren Unterricht nicht wahrnehmen können. Dann stellt sich für die Schulleitung die Frage, wie sie darauf reagieren soll: Sie kann den Unterricht ausfallen lassen (was im Schulalltag vor allem bei den Randstunden erfolgt), die jeweilige Klasse mit beaufsichtigen lassen oder einen Vertretungsunterricht organisieren.

Unter dem Gesichtspunkt der Aufsichtspflicht erscheint vor allem der Fall problematisch, dass eine Klasse für eine oder mehrere Unterrichtsstunden von der Lehrkraft einer anderen Klasse mit beaufsichtigt wird, da die Kinder hier für eine gewisse Zeit sich selbst überlassen sind. Zwar erfordert eine angemessene Aufsichtsführung grundsätzlich keine ständige Überwachung der Schüler „auf Schritt und Tritt", und es muss den Kindern in der Regel auch nicht das Gefühl vermittelt werden, dass sie unter ständiger Beaufsichtigung stehen. Allerdings gilt es hier zu berücksichtigen, dass die Schüler für einen längeren Zeitraum ohne unmittelbare Aufsicht in einer größeren Gruppe zusammen sind und es deshalb möglicherweise zu Disziplinlosigkeit und „gruppendynamischen Aktivitäten" kommen kann. Es liegt damit ein *besonderer Aufsichtsanlass* vor, weshalb die Schulleitung genau prüfen und abwägen muss, ob es bei Schülern der jeweiligen Jahrgangsstufe im Falle einer Mitbeaufsichtigung nach der allgemeinen Lebenserfahrung zu schädigenden Handlungen kommen kann.

Bei älteren Schülern, insbesondere in den Jahrgängen der *Sekundarstufe II,* wird man eine solche Mitbeaufsichtigung wohl grundsätzlich als zulässige Aufsichtshandlung ansehen können. Vor dem Hintergrund ihres Alters und ihrer geistigen Entwicklung ist im Regelfall nicht zu erwarten, dass es auch im Falle eines längeren Alleinseins zu besonderen Gefahrensituationen kommt.

In dem Beispielsfall erklärte der BGH[8] für die *Sekundarstufe I,* dass Schülerinnen und Schüler im Alter von 14 bis 15 Jahren nach der allgemeinen Lebenserfahrung zu Unfug und Disziplinlosigkeit neigen und sich gerade nicht ruhig verhalten, wenn sie für einen längeren Zeitraum in einer größeren Gruppe ohne Lehrkraft sind. Das hätte der Schulleiter erkennen und berücksichtigen müssen, weshalb er mit der Anordnung der Mitbeaufsichtigung eine Aufsichtspflichtverletzung beging. Diese Wertung erscheint mir recht streng. Mit Blick auf die zunehmende Eigenständigkeit der Schüler wird hier die Ansicht vertreten, dass bereits ab der 7. Jahrgangsstufe eine Mitbeaufsichtigung grundsätzlich möglich ist, sofern eben nicht besondere Umstände dagegen sprechen. Sind die Kinder im *Grundschulalter,* ist eine Mitbeaufsichtigung unzulässig.

Aufsicht an Schulbushaltestellen

PRAXIS BEISPIEL

F ist Lehrer an einer Realschule. Die Leiterin der Schule weist ihn an, montags nach der sechsten Stunde von 13.05 bis 13.25 Uhr an einer in der Nähe der Schule gelegenen Bushaltestelle Aufsicht zu führen. F ist der Meinung, dass die Weisung rechtswidrig ist. Obwohl die Haltestelle an das Schulgrundstück grenzt, muss er noch rund 100 Meter Fußweg zurücklegen, bis er sie erreicht.

Verschiedene Landesschulgesetze sehen ausdrücklich vor, dass sich die schulische Aufsichtspflicht auch auf Schulbushaltestellen bezieht (z. B. Niedersachen), andere regeln dies nur in Verwaltungsvorschriften (z. B. Rheinland-Pfalz), wieder andere überhaupt nicht (z. B. Bremen). Doch auch wenn keine gesetzliche Vorschrift besteht, wird man die Aufsicht an Schulbushaltestellen zum grundsätzlichen Aufgabenbereich der Lehrkräfte zählen müssen. Dafür spricht der Umstand, dass Beamte – und für Beschäftigte wird man selbiges sagen können – über die gesetzlich bereits normierten Dienstpflichten zu all jenen Handlungen und Verhaltensweisen verpflichtet sind, die dem durch die Laufbahn geprägten Berufsbild wesensgemäß sind.[9] Zum

Berufsbild einer Lehrkraft gehört es, Schülerinnen und Schüler vor vermeidbaren Gefahren zu schützen, zumindest solange, wie sich die Gefahren aus dem Schulbetrieb ergeben und sie somit einen *Schulbezug* haben. Deshalb können Lehrkräfte auch zur Aufsicht an Schulbushaltestellen verpflichtet werden, wenn und soweit die an der Schulbushaltestelle drohenden Gefahren von der Schule ausgehen und somit noch den geforderten Schulbezug haben.

In dem *Beispielsfall* erklärt das OVG Rheinland-Pfalz: „Zwar sind grundsätzlich die Eltern im Rahmen ihrer Personensorge für den Schulweg der Schüler verantwortlich. Liegt eine Haltestelle indes in unmittelbarer Nähe der Schule, sind die dort auftretenden Gefahren noch so stark vom Schulbetrieb geprägt, dass eine Verantwortung der Schule zu bejahen ist. Diese Gefahren beruhen nämlich gerade darauf, dass nach Beendigung des Unterrichts eine Vielzahl von Schülern gleichzeitig zu den Bussen strebt und ihr regelmäßig starker Bewegungsdrang sowie das gruppenweise Eintreffen an der Haltestelle die Gefahr von Unfällen in besonderer Weise erhöht. Wegen dieser Zusammenhänge ist in der zivilgerichtlichen Rechtsprechung anerkannt, dass die Angehörigen der Schulverwaltung von Amts wegen verpflichtet sind, eine geeignete Gefahrenvorsorge zu betreiben, wozu auch die Aufsicht durch Lehrkräfte gehören kann [...]. Der als Voraussetzung für diese Verpflichtung verlangte Schulbezug wird dann bejaht, wenn die Haltestelle nach ihrer Einrichtung und der Art ihrer Benutzung im konkreten Fall eine Gefahrenquelle darstellt, die noch durch den Schulbetrieb und seine Vor- oder Nachwirkungen geprägt wird. Dies ist der Fall, wenn die Haltestelle dem Schulbetrieb räumlich und funktionell zugeordnet ist“.[10]

Das Gericht musste prüfen, in welcher Entfernung die Haltestelle noch liegen darf, damit man noch von einer räumlichen und funktionalen Zuordnung sprechen kann. Da die Schulbushaltestelle nur wenige Meter vom eigentlichen Schulgelände entfernt lag, war es unschädlich, dass die Schüler – und die Lehrkräfte – immer einen Weg von rund 100 Meter bis zum Schulgebäude zurücklegen mussten. Der räumliche und funktionale Zusammenhang lag damit vor. Die dienstliche Weisung der Schulleiterin war deshalb rechtmäßig.

Schulleiter A hat für die Schulbushaltestelle, welche an sein Schulgrundstück grenzt, eine Aufsicht eingeteilt. Im Zuge von Straßenbauarbeiten wird die Haltestelle zeitweilig um 400 Meter verlegt, eine erkennbare Haltestellenanlage, ein Bordstein oder eine sonstige Fahrbahnmarkierung fehlen. A unterlässt es, für diese provisorische Haltestelle eine Aufsicht einzuplanen, da die Entfernung zur Schule recht groß ist.
An den Bürgermeister schreibt A, dass die Schüler wegen der Verlegung der Bushaltestelle teilweise zu spät kamen und der Weg von der Haltestelle zur Schule an zwei verkehrsgefährlichen Straßenecken vorbeiführt. Auf die Gefahr beim Warten und Einsteigen der Schüler in den Schulbus und auf die Tatsache, dass die Schule ihre bisherige Aufsicht über die wartenden und einsteigenden Schüler eingestellt hat, wird in diesem Schreiben nicht hingewiesen. Als eine Schülerin nach Unterrichtsschluss den Schulbus besteigen will, stürzt sie im Gedränge und gerät mit einem Arm unter das Vorderrad des Busses.

Der BGH stellte im vorliegenden Fall zunächst einmal fest, dass die Aufsichtspflicht nicht deshalb entfallen sei, weil die Schulbushaltestelle vorübergehend um 400 Meter *verlegt* wurde: „Auch diese entferntere Schulbushaltestelle war dem Schulbetrieb räumlich und funktionell noch so zugeordnet, dass vor allem die dort wartenden jüngeren Schulkinder vor den beim Ein- und Aussteigen auftretenden Gefahren bewahrt werden mussten. Dazu bestand hier insbesondere deshalb eine dringende Notwendigkeit, weil die Haltestelle grobe und offensichtliche Sicherheitsmängel aufwies.“[11] Insoweit hatte der Schulleiter also rechtswidrig gehandelt.

Darüber hinaus habe der Schulleiter seine Pflicht verletzt, den zuständigen Schulträger auf diejenigen Gefahren hinzuweisen, die sich in dessen Risikosphäre verwirklichen könnten. Grundsätzlich obliegt es dem Schulträger als Amtspflicht, Schulbushaltestellen möglichst gefahrlos einzurichten und zu sichern.[12] Das war im vorliegenden Fall nicht geschehen, da es weder eine Haltestellenanlage, einen Bordstein noch eine sonstige Fahrbahnmarkierung gab. Über diesen Umstand hätte der Schulleiter den Schulträger informieren müssen, damit dieser die Gefahrenlage beseitigt. Der Brief an den Bürgermeister war insoweit nicht ausreichend, da die Gefahrenlage an der Schulbushaltestelle nicht hinreichend deutlich gemacht wurde.

Schadensersatzansprüche gegen den Schulleiter (oder genauer: gegen seine Anstellungskörperschaft) sind jedoch dennoch ausgeschlossen, da es sich um einen schulbezogenen Unfall handelt und insoweit die Gesetzliche Unfallversicherung den Schaden ersetzt (vgl. dazu unter 3.1.2).

Anzahl der Aufsichtspersonen bei Exkursionen und Wanderungen

PRAXIS BEISPIEL Lehrerin L macht mit zwei ihrer Klassen (40 Kinder im Alter von zwölf und dreizehn Jahren) einen Tagesausflug zu einer Burg, in deren Nähe sich auch eine Siegessäule befindet. L weiß, dass die Säule auf einem höheren Sockel steht, von dem aus der Boden zum Teil sehr steil abfällt. Sie belehrt die Kinder über die Gefahren und setzt sich in eine Parkanlage, von der aus sie die Säule nur bedingt einsehen kann. Eine Schülerin springt vom Sockel aus auf den Abhang hinunter und erleidet dabei einen komplizierten Beinbruch. Später muss ihr Unterschenkel amputiert werden.

Exkursionen und Wanderungen sind immer besondere Schulveranstaltungen, die deshalb sowohl von den Lehrkräften als auch von den Schulleitern gewissenhaft geplant werden müssen. Der besondere Aufsichtsanlass resultiert hier vor allem aus der *Schadensgeneigtheit des Umfeldes.* So müssen z. B. verkehrsreiche Straßen überquert werden oder es findet eine Nutzung des öffentlichen Personennahverkehrs statt, bei dem insbesondere das Ein- und Aussteigen recht gefahrträchtig sein kann. Neben diesen Gefahren, die aus der Teilnahme am allgemeinen Verkehr resultieren, spielen aber auch noch andere Aspekte eine wichtige Rolle: So kennen die Lehrkräfte häufig die räumlichen Gegebenheiten des Exkursionsziels nicht genau, weshalb es schwierig ist, Gefahrenpotenziale hinreichend zu erfassen und mögliche Unfälle durch Belehrungen und das Aussprechen von Verboten zu vermeiden. Dass darüber hinaus auch die *Zusammensetzung der Lerngruppe* eine gewichtige Rolle spielt (Anzahl und Alter der Schüler, Vorhandensein besonderer Charaktereigenschaften, körperliche Leiden usw.), muss vermutlich nicht weiter thematisiert werden.

Wenn Lehrkräfte bei der Schulleitung solche Unternehmungen beantragen, muss diese versuchen, deren Gefahrträchtigkeit richtig einzuschätzen. Grundsätzlich obliegt es ihr als Amtspflicht, einen geplanten Ausflug sorgfältig und sachgemäß vorzubereiten, sodass die Kinder einen möglichst großen Schutz genießen.[13] Im vorliegenden *Beispielsfall* musste das LG Hagen der Frage nachgehen, ob die Lehrerin vor Ort ihrer Aufsichtspflicht genügte – dazu später mehr (Abschnitt 2.6) – und ob der Schulleiter rechtmäßig gehandelt hat, da er keine weitere Aufsichtsperson für erforderlich hielt. Das Gericht ging richtigerweise davon aus, dass eine weitere Aufsichtsperson aufgrund der großen Schüleranzahl und des gefährlichen Geländes erforderlich gewesen wäre, sodass ein Organisationsverschulden der Schulleitung vorlag.

1.2.2 Lehrkräfte und Referendare

Zunächst einmal sind alle *Lehrkräfte,* gleich ob sie in einem Beamtenverhältnis stehen oder angestellt sind, ob in Voll- oder Teilzeit, zur Aufsicht verpflichtet. Die Aufsichtspflicht ist insoweit eine Dienstpflicht. Auch *Referendare* sind grundsätzlich zur Aufsichtsführung verpflichtet. Für sie gelten dieselben Rechte und Pflichten wie für voll ausgebildete Lehrkräfte, sofern sich aus den schulrechtlichen Bestimmungen der Länder nicht etwas anderes ergibt. Dort ist z. T. ein geringerer zeitlicher Umfang vorgesehen, sodass die Referendare z. B. keine Pausenaufsichten wahrnehmen müssen. Die Intensität der Aufsichtsführung ist davon jedoch nicht berührt.

Hausmeister zählen grundsätzlich nicht zu den aufsichtspflichtigen Personen, denn die schulische Aufsichtspflicht ist an das Lehramt gekoppelt. Das schließt aber nicht aus, den Schulhausmeister als Bediensteten des Schulträgers unterstützend für eine Aufsichtsführung heranzuziehen, wenn dieser sich damit einverstanden erklärt.[14]

1.2.3 Übertragung der Aufsichtspflicht auf andere Personen

Lehrer L muss zu einer Beerdigung. Er beschließt, der Klasse für die verbleibende Zeit eine Aufgabe zu stellen und den Klassenbesten K mit der Aufsicht zu betrauen. Als der Leichenzug in der Nähe des Schulgebäudes vorbeikommt, stürmen mehrere Schüler zum Fenster. K begibt sich ebenfalls dorthin, um die Mitschüler zum Weiterarbeiten zu bewegen. Dabei hat er noch ein geöffnetes Taschenmesser in der Hand, mit dem er zuvor spielte. Aus Unachtsamkeit verletzt sich ein Mitschüler an der Klinge und muss daraufhin mehrmals operiert werden.

Im Schulalltag kommt es immer wieder vor, dass die den Lehrkräften obliegende Aufsichtspflicht für einen gewissen Zeitraum auf Dritte übertragen wird. Dazu zählen z. B. Schülerinnen und Schüler, die bei kurzzeitiger Abwesenheit der Lehrkraft mit der Beaufsichtigung der Klasse beauftragt werden oder Eltern, die an Tages- oder Klassenfahrten teilnehmen. Auch auf Bedienstete der Schule kann die Aufsichtspflicht – ihr Einverständnis vorausgesetzt – übergehen, wenn sie z. B. für einen gewissen Zeitraum auf eine Klasse aufpassen sollen.

Eine solche Übertragung ist grundsätzlich zulässig. Ähnlich dem Vermieter, der seine winterliche Streupflicht auf die Mietparteien übertragen kann, kann auch eine Lehrkraft ihre Aufsichtspflicht delegieren. Allerdings treffen die Lehrkraft in diesem Fall zwei Pflichten: Zum einen ist sie verpflichtet, den Adressaten sorgsam und gewissenhaft auszuwählen. Sie muss entscheiden, ob die Person *geeignet* ist, Aufsichtspflichten übernehmen und wie weit die Übertragung der Pflicht gehen soll. Gewinnt der Lehrer den Eindruck, es handele sich um eine geeignete, also zuverlässige und umsichtige Person, so hat die Lehrkraft den Anforderungen an eine sorgfältige Auswahl genüge getan. Der ausgewählten Hilfskraft sind ausreichende Informationen und Instruktionen zu erteilen, gegebenenfalls ist sie auf besondere Persönlichkeitsstrukturen von einzelnen Schülerinnen und Schülern hinzuweisen.

Zum anderen ist die Lehrkraft verpflichtet, die mit der Aufsichtsführung betraute Person stichprobenhaft zu überwachen. Die Lehrkraft ist also nicht gänzlich von ihrer übertragenden Aufsichtsverpflichtung befreit. Sie trifft für die Zeit der Pflichtenübertragung eine *Kontroll- bzw. Überwachungspflicht.*

Verletzt der mit der Aufsichtsführung Beauftragte seine Aufsichtspflicht, dann greift auch für ihn die staatliche Amtshaftung gem. Art. 34 GG i. V. m. § 839 Abs. 1 BGB ein, da er in der Zeit der Aufsichtsführung eine hoheitliche Tätigkeit wahrnimmt.[15] Das gilt grundsätzlich unabhängig davon, ob die Aufsichtspflicht rechtmäßig oder rechtswidrig übertragen worden ist.

1.2.4 Schulträger

Schulgebäude

PRAXIS BEISPIEL Die neunjährige K spielt während der Pause mit ihren Freundinnen auf dem Schulhof. Als sie an einer Wand entlangläuft, verletzt sie sich an einem Wasserhahn, der aus der Wand herausragt.

In der Regel stehen die Schulgebäude nicht im Eigentum des Landes, welches die Lehrkräfte beschäftigt, sondern im Eigentum der *(Stadt-)Gemeinden.* Diese sind insoweit die Schulträger, wie es z. B. in §23 Abs. 2 Schulgesetz für den Freistaat Sachsen definiert ist: „Der Schulträger errichtet die Schulgebäude und Schulräume, stattet sie mit den notwendigen Lehr- und Lernmitteln aus und stellt die sonstigen erforderlichen Einrichtungen zur Verfügung. Er unterhält sie in einem ordnungsgemäßen Zustand. Er bestellt in Abstimmung mit dem Schulleiter die Mitarbeiter, die nicht im Dienst des Freistaates Sachsen stehen."

Jeder Eigentümer, der seinen Grund und Boden für eine öffentliche Benutzung freigibt, ist verpflichtet, ihn in einem gefahrlosen Zustand zu halten. Diese als *Verkehrssicherungspflicht* bezeichnete Rechtspflicht trifft Privatpersonen und öffentliche Träger gleichermaßen. Sie ist insoweit keine spezielle schulische Aufsichtspflicht, sondern eine Rechtspflicht für alle, die eine Gefahrenquelle schaffen oder betreiben. Dabei geht es nicht darum, für jede denkbare, entfernte Möglichkeit eines Schadenseintritts Vorsorge zu treffen. Vielmehr sind nur Vorkehrungen gegen solche Gefahren zu treffen, die bei einem bestimmungsgemäßen bzw. bei einer nicht ganz fernliegenden bestimmungswidrigen Benutzung drohen.[16] Die Gemeinden als Eigentümer der Schulgebäude müssen daher alle geeigneten und wirtschaftlich zumutbaren Handlungen vornehmen, um Personenschäden auf den Schulgrundstücken nach Möglichkeit zu vermeiden. So sind sie z. B. verpflichtet, das Gebäude ohne das Vorhandensein von gefahrträchtigen Teilen zu errichten, es instandzuhalten, das Grundstück und das Gebäude zu reinigen oder Wege im Winter zu streuen.

In dem *Beispielsfall* hat der zuständige Schulträger gegen seine Verkehrssicherungspflicht verstoßen. Zur bestimmungsgemäßen Verwendung eines Schulhofes zählt es zweifelsohne, dass auf ihm in den Pausen getobt und gespielt wird, zumal wenn es sich um eine Grundschule handelt. Dabei gehört es zum Schulalltag, dass sich das Spielen auch auf den Bereich der Gebäudewände erstreckt. Aus der Sicht eines verständigen Urteilers wäre es insoweit naheliegend gewesen, dass die Kinder auch an der Wand des Schulgebäudes entlang laufen und sich an dem Wasserhahn verletzen können.

Ein Schadensersatzanspruch gegen die Gemeinde war gleichwohl nicht gegeben. Immer dann, wenn es im Rahmen des Schulbetriebs zu einem Schulunfall kommt, wird der damit verbundene Personenschaden von der Gesetzlichen Unfallversicherung erstattet. Schadensersatzansprüche gegen die ihre Aufsichtspflicht verletzende Lehrkraft oder Mitschüler sind in der Regel ausgeschlossen (§§ 104 ff. SGB VII). Auf diese *Haftungsfreistellung* konnte sich im vorliegenden Fall auch die Gemeinde als Schulträger berufen.[17]

Pausenhofgestaltung

PRAXIS BEISPIEL

Während einer Pause werfen zwei Kinder Steine auf die angrenzende Straße, wobei sie das Fahrzeug von Herrn F beschädigen. Herr F begehrt vom zuständigen Schulträger Schadensersatz. Die vorhandene Begrünung des Schulhofes habe es den Kindern ermöglicht, sich zu verstecken und Dummheiten zu begehen, ohne dass dies vom Aufsichtspersonal bemerkt werden konnte.

Das OLG Hamm hat ein Verschulden des Schulträgers richtigerweise verneint: „Des Weiteren ist aber auch der Vorwurf einer pflichtwidrigen Gestaltung des Schulhofes, wodurch eine Beaufsichtigung der Kinder erschwert werde, nicht gerechtfertigt. [...] Im Übrigen ist aber auch auszuschließen, dass die aus pädagogischen Gründen erfolgte aufgelockerte Gestaltung des Schulhofes mit Begrünung, Laubengängen und Hügeln eine Pflichtverletzung darstellt. Denn genau wie das Lehrpersonal darf auch der Schulträger davon ausgehen, dass Kinder im Grundschulalter keiner ständigen Beaufsichtigung bedürfen. Deshalb ist es auch unbedenklich, wenn die Gestaltung des Schulgeländes so erfolgt, dass sich Kinder zeitweilig dem Blick des Aufsichtspersonals entziehen können. Eine Gestaltung des Schulgeländes, die ein solches Verbergen zuverlässig ausschließt, was die Beseitigung sämtlicher potenzieller Blickhindernisse erfordern würde, ist weder für den Schulträger noch für die Schüler und Lehrkräfte zumutbar und zum Schutz der Rechtsgüter Dritter nicht geboten."[18]

Einrichtung von Schulbushaltestellen

PRAXIS BEISPIEL Die Klasse 1a ist mit dem Schulbus auf dem Rückweg vom Schulschwimmen. Da der Bus Verspätung hat, wollen sich die Kinder bei dessen Ankunft an der Schule stark beeilen, um nicht zu spät zur nächsten Unterrichtsstunde zu kommen. Als der Schulbus an der Schulbushaltestelle anhält, springt die Schülerin R sofort heraus. Sie läuft nicht den regulären Weg zum Schulgebäude, sondern wählt eine Abkürzung. Aus Unachtsamkeit gerät sie unter einen weiteren Schulbus, wobei sie sich sehr schwere innere Verletzungen zuzieht.

Der BGH stellte zunächst einmal fest, dass der Schulträger seine Verkehrssicherungspflicht verletzt habe: „Die richtige Auswahl und möglichst gefahrlose Einrichtung der Haltestellen für den Schülerverkehr stellt danach eine dem Schulträger gegenüber den Schülern zu erfüllende Amtspflicht dar. Die Einhaltung dieser Verpflichtung hat, falls der Träger der Schule und der der Schulverwaltung nicht identisch sind, die Schulverwaltung zu überwachen. [...] Bei der Auswahl der Haltestellen musste – wie auch sonst bei dem Schutz der Schüler vor Gefahren [...] – auf die Einsichtsfähigkeit der jüngsten und damit unvorsichtigsten Schüler abgestellt werden. [...] Bei diesen Kindern ist eher als bei älteren damit zu rechnen, dass sie nach dem Verlassen eines Schulbusses in kindlichem Bewegungsdrang und unbesonnen zu ihrem Ziel laufen, insbesondere wenn sich – wie es hier der Fall gewesen ist – ihr Bus verspätet hat. Wenn die Klägerin zusammen mit Klassenkameraden wegen der Verspätung des von ihnen benutzten Busses und möglicherweise auch wegen des zu erwartenden Schwimmunterrichts gleich nach dem Aussteigen auf dem kürzesten Weg zur O.-Schule gerannt ist, verhielt sie sich so, wie es bei Kindern ihrer Altersgruppe in einer solchen Situation naheliegt. Daraus sich ergebende Risiken mussten daher bei der Auswahl der Haltestelle berücksichtigt werden."[19]

Sodann weist das Gericht darauf hin, dass auch die Schulverwaltung ihre Aufsichtspflicht verletzt habe:
„Angesichts der Gefahren, die sich – wie ausgeführt – besonders für die Benutzer der Schulbusse aus der Anlage der Haltestelle ergaben, hätte die Schulverwaltung durch geeignete organisatorische Maßnahmen dafür Sorge tragen müssen, dass jedenfalls Schüler der jüngsten Jahrgänge sicher über die Fahrbahn der O.-Straße zur Schule geleitet wurden. Das hätte selbst dann nicht zu personellen Engpässen geführt, wenn Lehrkräfte diese Aufgabe erfüllt hätten. Solche Aufsichtspersonen hielten sich wegen des anschließenden Unterrichts ohnehin in der O.-Schule auf."[20]

Schulfremde Gebäude des Schulträgers

Der 17-jährige Schüler S besucht den Sportkurs „Alpiner Skilauf", der regelmäßig auf einer von der Gemeinde betriebenen Skipiste stattfindet, die nicht zum Schulgelände gehört. Während einer individuellen Leistungskontrolle durch den Lehrer verliert S beim Versuch des Anhaltens im Zielbereich die Kontrolle über seine Skier und prallt rückwärts gegen den Mast einer am Pistenrand befindlichen Beschneiungsanlage (Schneekanone). Dabei trifft er auf einen metallenen, im unteren Bereich des Mastes angebrachten Ring, der weder gepolstert noch durch andere Maßnahmen gesichert ist. S verletzt sich schwer und ist infolge des Unfalls querschnittgelähmt. S begehrt u. a. vom Leiter der Sportstättenverwaltung Schmerzensgeld.

Das OLG Dresden erklärte, dass die Gemeinde ihre Verkehrssicherungspflicht verletzt habe: „Der Betreiber von Wintersportpisten haftet grundsätzlich für die Pistensicherheit; ihm obliegt die sogenannte ‚Pistensicherungspflicht'. Diese Pflicht darf allerdings nicht überspannt werden. Von ihr sind diejenigen Gefahren nicht umfasst, die dem Skisport typischerweise zu eigen sind, die also der Wintersportler bewusst in Kauf nimmt. Die Verantwortung des Verkehrssicherungspflichtigen erstreckt sich danach in erster Linie auf verdeckte und atypische Gefahren. Dabei ist als atypische Gefahr eine solche anzusehen, mit der im Hinblick auf das Erscheinungsbild und den angekündigten Schwierigkeitsgrad der Piste auch ein verantwortungsbewusster Skiläufer nicht rechnen muss, die also nicht ‚pistenkonform' ist. In diesem Sinne gefährliche Hindernisse müssen – etwa durch Strohballen oder Fangnetze – gesichert werden. […] Gemessen an diesen Grundsätzen hat die […] [Gemeinde, d. V.] die ihr obliegende Verkehrssicherungspflicht in Form der ‚Pistensicherungspflicht' verletzt. Dabei kommt es nicht entscheidend darauf an, ob die Schneekanone […] in einer Reihe mit den am Pistenrand befindlichen Bäumen stand. Allerdings spricht bereits viel dafür, auch hinsichtlich der von den Bäumen ausgehenden Gefahr für Skifahrer besondere Sicherungsmaßnahmen zu verlangen, zumal die Skipiste bis in die unmittelbare Nähe der Bäume (1 m) präpariert war. Denn es ist – auch unter Berücksichtigung der Eigenverantwortlichkeit des Skifahrers – offenkundig, dass sich bei einer solchen Nähe von präparierter, also zum Befahren freigegebener, Skipiste und ungesicherten Bäumen am Pistenrand eine überdurchschnittliche Gefährdung der Benutzer ergibt. Das gilt jedenfalls dann, wenn es sich – wie hier – um eine Piste handelt, die erkennbar nicht nur fortgeschrittenen Fahrern vorbehalten sein soll. Dieser Gefahr hätte die Beklagte im Übrigen nicht nur durch eine Polsterung der Bäume oder durch das Aufstellen von Fangzäunen, sondern auch durch eine in der Breite weniger weitgehende Präparierung der Piste entgegenwirken können. Darauf kommt es aber letztlich nicht entscheidend an, weil sich jedenfalls der an der Schneekanone angebrachte Ring als für den Skifahrer atypische Gefahr darstellte. Die durch den Metallring verursachte zusätzliche Gefährdung des Skifahrers ist mit der von den am Pistenrand stehenden Bäumen verursachten Gefahr nach der Überzeugung des Senats nicht vergleichbar. Das ergibt sich daraus, dass der Ring als horizontales Hindernis in Richtung der Piste weist und im Falle des Aufpralls nicht – wie die Äste der umstehenden Bäume – nachgibt.

Dazu kommt, dass sich der Metallring in einer solchen Höhe befindet, dass ein gestürzter und über den Pistenrand hinausrutschender Skifahrer Gefahr läuft, im – besonders empfindlichen – Kopf- oder Brustbereich getroffen zu werden. Mit einer solchen zusätzlichen Gefahr in unmittelbarer Nähe zur präparierten Piste musste ein durchschnittlich aufmerksamer Skifahrer nicht rechnen. Diese für den Verkehrssicherungspflichtigen vorhersehbare Gefahr hätte die Beklagte durch eine Polsterung des Ringes, ggf. auch durch das Aufstellen eines Strohballens ohne Weiteres beseitigen können und müssen."[21]

Des Weiteren musste das Gericht der Frage nachgehen, ob sich eine Gemeinde auch dann auf den Haftungsausschluss der §§ 104 ff. SGB VII berufen kann, wenn sich der Unfall nicht in einem ihrer Schulgebäude ereignet (bei dem sie Schulträger ist), sondern in einem sonstigen *Gebäude bzw. Unternehmen,* das von ihr betrieben wird. Das OLG Dresden stellte fest, dass dies ohne Bedeutung sei, weshalb auch in diesem Fall der Haftungsausschluss gem. § 104 Abs. 1 SGB VII Anwendung finde.[22] Der Schüler konnte daher keine Schmerzensgeldansprüche gegen den Schulträger wegen seines Personenschadens geltend machen.

Verkehrssicherungspflicht bei Schulveranstaltungen

> **PRAXIS BEISPIEL**
>
> Während des Sommerfestes, das die Schule gemeinsam mit dem Förderverein ausrichtet, wird ein großer Sonnenschirm aufgestellt. Um ihn gegen das Umfallen zu sichern, werden größere Betonplatten auf den Schirmständer gelegt. Im Verlauf der Veranstaltung stürzt ein Festteilnehmer über eine Betonplatte und verletzt sich. Der verklagte Schulträger vertritt die Ansicht, dass er seine Verkehrssicherungspflicht grundsätzlich nicht verletzt habe, da die neue Gefahrenquelle erst im Rahmen des Schulfestes geschaffen wurde und er dafür nicht verantwortlich gemacht werden könne.

An späterer Stelle wird darauf eingegangen, dass bei Schulfeierlichkeiten die Veranstalter (mithin die Lehrkräfte) grundsätzlich verpflichtet sind, ihre Aufsichtspflicht wahrzunehmen. Auch sind sie dafür verantwortlich, dass keine neuen Gefahren geschaffen werden und somit die Verkehrssicherheit des Schulgebäudes bzw. des Grundstücks gewahrt bleibt. Sie sind insoweit selbst verkehrssicherungspflichtig. Fraglich ist nun, ob auch der Schulträger gegen die ihm obliegende Verkehrssicherungspflicht verstößt, wenn bei einer solchen Schulveranstaltung neue Gefahrenquellen entstehen, die zuvor noch nicht vorhanden waren. Das OLG Köln erklärt, dass das grundsätzlich keine Rolle spiele und die Verkehrspflicht auch in dieser Zeit weiterbestehe: „Die Verantwortlichkeit umfasst dabei den Zustand der Anlagen sowohl im Hinblick auf den Unterricht als auch im Hinblick auf sonstige schulische Veranstaltungen […]. Woher eine Gefahrenquelle stammt, insbesondere, ob sie unmittelbar aus dem baulichen Zustand der vom Schulträger errichteten und dem Schulbetrieb gewidmeten Anlagen herrührt oder aber aus Gegenständen, die von Dritten auf das Schulgelände verbracht wurden, ist ohne Bedeutung. Es bedarf keiner besonderen Begründung, dass die Verantwortung für den Zustand der Anlagen es einschließt, etwa Glasscherben oder Bananenschalen durch das hierfür einzustellende Personal (Hausmeister) vom Schulhof zu entfernen, auch wenn sie nicht vom Schulträger dorthin verbracht wurden. Für die Sicherung oder Entfernung von gefährlichen Betonplatten, die im Rahmen einer schulischen Veranstaltung auf den Schulhof verbracht werden, gilt nichts anderes. Die Verkehrssicherungspflicht […] [des Schulträgers, d. V.] entfällt auch nicht deshalb, weil die Gefahr sich nur im Rahmen einer schulischen Veranstaltung verwirklichte, weil sie von den Organisatoren dieser Veranstaltung erst geschaffen wurde, und weil die Organisatoren jener Veranstaltung ihrerseits verkehrssicherungspflichtig waren. Es gibt keinen rechtlichen Grundsatz, wonach die Verkehrssicherungspflichtigkeit des einen die des anderen verdrängt. Es gibt insbesondere bei einem Zusammentreffen von Pflichten des Veranstalters eines Schulfestes einerseits und des Schulträgers andererseits keinen Vorrang der Haftung des Veranstalters. Allenfalls käme für den Schulträger die Möglichkeit in Betracht, durch ausdrückliche Vereinbarung mit dem Veranstalter die Wahrnehmung der Verkehrssicherungspflichten auf diesen zu übertragen, was dann aber jedenfalls entsprechende Überwachungspflichten auslösen würde. Eine solche – notwendig klare und ausdrückliche – Vereinbarung hat es unstreitig nicht gegeben."[23]

1.3 Kreis der zu beaufsichtigenden Personen

PRAXIS BEISPIEL Während der Feier zum 25-jährigen Jubiläum einer Realschule, an der auch Eltern und ehemalige Schülerinnen und Schüler teilnehmen, wird ein Flügel beschädigt, der in dem Festsaal steht. Die Täter können nicht ermittelt werden. Die Besitzer des Flügels verklagen die Schule daher auf Schadenersatz, da die Lehrkräfte ihre Aufsichtspflicht verletzt hätten. Es konnte nachgewiesen werden, dass bereits zwei Lehrkräfte die Schulveranstaltung vor deren Ende verlassen hatten. Die dritte verbliebene Aufsichtsperson hielt sich nur im Eingangsbereich auf, nicht jedoch auch in dem Festsaal.

1.3.1 Schülerinnen und Schüler der eigenen Schule

Die Aufsichtspflicht besteht gegenüber den *Schülerinnen und Schülern der Schule*. Sind mehrere Schulen im Rahmen eines Schulzentrums organisatorisch miteinander verknüpft und werden bestimmte Bereiche wie Gebäude, Schulhöfe o. Ä. zeitgleich genutzt, dann erstreckt sich die Aufsicht auf alle Schülerinnen und Schüler ohne Rücksicht auf die konkrete Schulzugehörigkeit. Hierbei spielt es keine Rolle, ob die Kinder und Jugendlichen minderjährig oder – wie z. B. teilweise in der Oberstufe – bereits volljährig sind. Allerdings ist die Intensität der Beaufsichtigung eines volljährigen Schülers geringer (vgl. Abschnitt 1.2). Gegenüber den minderjährigen Schülern besteht eine besondere Aufsichtspflicht, die sich aus der größeren Schutzbedürftigkeit eines Minderjährigen ergibt. Bei Schulveranstaltungen, an denen wie in dem Beispielsfall auch *schulfremde Personen* teilnehmen, wie etwa Eltern oder Ehemalige, besteht die Aufsichtspflicht weiterhin nur gegenüber den aktuellen Schülern. In dem *Beispielsfall* hat das OLG Hamm zunächst die Aufsichtshandlungen der anwesenden Lehrkräfte näher untersucht und festgestellt, dass diese fehlerhaft gewesen sei:

„Aufgrund dieser Zeugenaussagen muss angenommen werden, dass der Bühnenbereich, in dem sich der Flügel befand, von 2.30 bis 3.00 Uhr unbeaufsichtigt war. Eine Beaufsichtigung in dieser Zeit wäre aber erforderlich gewesen; denn der Zustand, in dem der als Hausmeister tätige Zeuge O die

Halle am Morgen [...] vorgefunden hat, macht deutlich, dass es auf der Veranstaltung zu erheblichen Exzessen gekommen ist. So hat der Zeuge glaubhaft bekundet, die zur Abdeckung des Flügels dienende Filzdecke habe zerrissen in einer Ecke gelegen; auf dem Flügel hätten sich Biergläser und aufgestapelte Podeste befunden; die zur Halle gehörende Außenanlage sei mit zerschlagenen Biergläsern übersät gewesen. Es spricht viel dafür, dass diese vandalistischen Handlungen im Zusammenhang mit einem übermäßigen Alkoholgenuss standen. Entgleisungen betrunkener Veranstaltungsteilnehmer waren insbesondere gegen Ende der Veranstaltung nicht auszuschließen. Dementsprechend hätte zumindest einer der verantwortlichen Lehrer bis zum Ende der Veranstaltung in der Halle bleiben müssen."[24]

Einen Schadensersatzanspruch lehnte das Gericht aber gleichwohl ab, da nicht ausgeschlossen werden konnte, dass die Beschädigung des Flügels durch Personen erfolgte, die die Lehrkräfte überhaupt nicht zu beaufsichtigen hatten: „Die Aufsichtspflicht der Lehrer erstreckte sich jedoch nur auf diejenigen Veranstaltungsteilnehmer, die seinerzeit Schüler der genannten Realschule waren. Soweit Eltern dieser Schüler und ehemalige Schüler an der Veranstaltung teilnahmen, hatten die Lehrer [...] diesen gegenüber jedenfalls keine hoheitlichen Aufsichtspflichten zu wahren."[25]

1.3.2 Aufsichtspflicht gegenüber volljährigen Schülern?

Volljährige Schüler sind grundsätzlich für sich selbst verantwortlich, doch bedeutet dies nicht, dass schulische Vorgaben für sie nicht gelten und die Aufsichtspflichtigen von ihrer Verantwortung frei sind. Zur Sicherung eines geordneten Schul- und Unterrichtsbetriebes und zur Durchführung von schulischen Veranstaltungen (z. B. Schulfahrten) sind auch volljährige Schüler verpflichtet, Absprachen zu beachten und sich den Anforderungen und Anordnungen der Schule anzupassen. Im Rahmen ihrer Fürsorgepflicht obliegt es den Aufsichtspflichtigen, auch gegenüber Volljährigen sicherzustellen, dass sie vor Schäden geschützt werden und durch Dritte keine Schäden erleiden. Insoweit reduziert sich die Aufsichtspflicht der Lehrkräfte zu einer *Aufklärungspflicht über potenzielle Gefahren.*[26]

Auch bei der *allgemein reduzierten Aufsicht* bei volljährigen Schülern ist aber sicherzustellen, dass der Bildungs- und Erziehungsauftrag der Schule nicht beeinträchtigt wird. Das heißt, es ist darauf zu achten, dass bei Freiräumen, die volljährigen Schülerinnen und Schülern gewährt werden, die gesamte Schulveranstaltung oder Teile dieser Veranstaltung nicht in Frage gestellt werden. Mangelnde Disziplinbereitschaft der Volljährigen kann nicht zu Lasten der aufsichtspflichtigen Lehrkraft gehen, der volljährige Schüler hat im Vergleich zu jüngeren Schülern für sich selbst einzustehen.[27]

1.4 Zeitlicher Geltungsbereich

PRAXIS BEISPIEL Der 15-jährige B klagt über Bauchkrämpfe und Übelkeit. Die Klassenlehrerin überlegt, ob sie ihn ohne Weiteres nach Hause entlassen kann.

Die Aufsichtspflicht erstreckt sich auf die Zeit, in der die Schüler am *Unterricht* oder *sonstigen Schulveranstaltungen* teilnehmen, auf *Pausen* und *Freistunden* sowie auf eine *angemessene Zeit vor und nach dem Unterricht* oder anderen Schulveranstaltungen (in der Regel werden 15 Minuten als angemessen angesehen[28]). Sobald sich eine Lehrkraft im Dienst befindet und sich eine Notwendigkeit einer Aufsicht ergibt, ist sie zur Aufsicht verpflichtet.

Die schulische Aufsichtspflicht erstreckt sich grundsätzlich nicht auf die Schulwege (Wege zwischen der elterlichen Wohnung und der Schule), denn diese fallen in den Aufsichtsbereich der Eltern. Dass etwas anderes dann gelten muss, wenn ein Schüler während des Schulbesuches *erkrankt* und dass die Schule in diesem Fall prüfen muss, ob der Schüler den Heimweg noch allein antreten kann, wird an späterer Stelle thematisiert.

1.5 Räumlicher Geltungsbereich

Die Aufsichtspflicht erstreckt sich zunächst einmal auf das Schulgelände. Kraft dienstlicher Weisung können Lehrkräfte auch zur Aufsicht an einer *Schulbushaltestelle* herangezogen werden, wenn diese auf dem Schulgelände liegt oder unmittelbar an das Schulgelände grenzt.[29] Wird für die Fahrten zur Schule bzw. nach Hause ein *Schulbus* eingesetzt, besteht während des Transports eine Aufsichtspflicht des Schulträgers, die grundsätzlich vom Busfahrer wahrgenommen wird.

Auf *Unterrichtswegen* besteht ebenfalls eine Aufsichtspflicht. Unterrichtswege sind die Wege von der Schule zu den Orten, an denen Unterricht außerhalb des Schulgeländes stattfindet. Nicht zu den Unterrichtswegen gehören die Wege von diesen Orten zurück zur Wohnung der Schülerinnen und Schüler oder von der Wohnung zu diesen Orten. Hierbei handelt es sich wiederum nur um einen Schulweg. Dieser fällt in den alleinigen Verantwortungsbereich der Eltern. Eine Ausnahme gilt – wie später dargestellt wird – nur für den Fall, dass ein Kind ersichtlich nicht allein in der Lage ist, gefahrlos nach Hause in die Obhut der Eltern zu gelangen, weil es in der Schule erkrankt ist. In diesem Fall endet die Aufsichtspflicht der Schule nicht mit dem Ende des Unterrichts bzw. der Schulveranstaltung, sondern erst mit der Übergabe des Kindes in die Obhut der Erziehungsberechtigten.[30]

1.6 Vorzunehmende Aufsichtshandlung

Die Grundlagen der schulischen Aufsichtspflicht sind nun grob umrissen: Es wurde erklärt, was eigentlich ihr „Schutzgegenstand" ist – einerseits die Abwehr von Schäden von Schülerinnen und Schülern, andererseits die Vermeidung von schädigenden Handlungen durch die Schülerschaft gegenüber Dritten – und welche Personengruppen wann und wo zur Aufsichtsführung verpflichtet sind. Die mithin wichtigste Frage wurde jedoch noch nicht beantwortet: Wie muss sich eine Lehrkraft konkret verhalten, um ihrer Aufsichtspflicht zu genügen?

Die Rechtsprechung greift für die Beantwortung dieser Frage insbesondere auf § 832 BGB zurück. Diese Vorschrift aus dem Bereich des Deliktrechts bildet die Anspruchsgrundlage, wenn Dritte Ansprüche gegenüber Eltern oder gegenüber anderen Aufsichtspflichtigen geltend machen wollen, die aus einer möglichen Aufsichtspflichtverletzung resultieren. In dieser Vorschrift heißt es: „Die Ersatzpflicht tritt nicht ein, wenn er [der Aufsichtspflichtige, d. V.] seiner Aufsichtspflicht genügt oder wenn der Schaden auch bei gehöriger Aufsichtsführung entstanden sein würde."[31]

Die Gerichte haben in zahlreichen Entscheidungen konkretisiert, wann ein Aufsichtspflichtiger seiner Aufsichtspflicht *genügt* hat. Übertragen auf den Bereich der Schule kann man als Grundsatz zunächst einmal festhalten, dass eine Beaufsichtigung der Schüler „auf Schritt und Tritt" nicht notwendig ist, sondern vielmehr eine stichprobenartige Kontrolle als ausreichend angesehen wird. Eine intensivere Aufsichtsführung wird hingegen dann verlangt, wenn aus der Sicht einer verständigen Lehrkraft ein Schadenseintritt bevorsteht und somit ein Aufsichtsanlass vorliegt, denn dann muss der Aufsichtspflichtige alle möglichen und zumutbaren Aufsichtshandlungen vornehmen, um den drohenden Schaden abzuwenden.

1.6.1 Grundsatz: stichprobenartige Kontrollen

PRAXIS BEISPIEL Im Unterricht einer 7. Klasse werden Gruppen von fünf bis sechs Kindern gebildet. Jede Gruppe bekommt einen Raum zugeteilt und soll dort selbstständig ohne Anwesenheit einer Aufsichtsperson innerhalb von zwanzig Minuten eine Aufgabe lösen. Die Lehrkraft sucht in dieser Zeit abwechselnd die einzelnen Räume auf. Verletzt sie damit ihre Aufsichtspflicht?

Nein. Grundsätzlich ist es ausreichend, wenn eine Lehrkraft die Schülerinnen und Schüler nur *stichprobenartig* kontrolliert, eine Überwachung „auf Schritt und Tritt" ist im Regelfall nicht notwendig.

Ein Teil der schulrechtlichen Literatur vertritt die Ansicht, dass eine solche stichprobenartige Kontrolle für den Bereich der Schule *nicht* ausreichend sei. Die Autoren verlangen stattdessen, dass die Kinder kontinuierlich zu beaufsichtigen sind bzw. dass sie zumindest das Gefühl einer jederzeitigen Kontrolle haben müssten.[32] An anderer Stelle wurde deutlich gemacht, dass für den Regelfall eine solche intensivere Aufsichtsführung nicht notwendig ist und auch von der Rechtsprechung nicht verlangt wird.[33] Für diese Ansicht spricht vor allem der Gedanke der Erziehung zur Selbstständigkeit und Mündigkeit, der sich auch in zahlreichen Gerichtsentscheidungen wiederfindet. So erklärt z. B. das OLG Düsseldorf: „Das Maß der Aufsicht muss mit dem Erziehungsziel, die wachsende Fähigkeit und das wachsende Bedürfnis der Kinder und Jugendlichen zum selbständigen verantwortungsbewussten Handeln einzuüben, in Einklang gebracht werden. Dieser erwünschten Persönlichkeitsentwicklung wäre eine dauernde Überwachung hinderlich; deshalb dürfen und müssen Kinder in diesem Alter[34] im Rahmen einer verantwortlichen Erziehung grundsätzlich auch Freiräume eingeräumt werden, bei denen ein sofortiges Handeln des Aufsichtspflichtigen zur Gefahrenabwehr nicht mehr möglich ist."[35]

Mit anderen Worten: Die Rechtsprechung geht davon aus, dass Kinder im Schulalter (und zum Teil sogar bereits im Kindergartenalter) nicht ununterbrochen beaufsichtigt werden müssen, und zwar deshalb, weil dieses mit dem Ziel der Erziehung zum zunehmend eigenständigen Handeln nicht zu vereinbaren ist. Kinder brauchen gerade Freiräume, in denen sie nicht beaufsichtigt werden und in denen sie sich auch nicht beaufsichtigt fühlen.[36]

Damit stellt sich die Frage, in welcher *Zeitspanne* die stichprobenartigen Kontrollen durchzuführen sind. Der Bundesgerichtshof hält es für ausreichend, wenn bisher unauffällige Kinder im Alter von fünf Jahren außerhalb der Wohnung bzw. des elterlichen Hauses im Abstand von 15 bis maximal 30 Minuten überwacht werden[37], was erst recht für bereits in größerem Maße in die Selbstständigkeit entlassene Kinder im Alter von sieben bis acht

Jahren gelte.[38] Diese Kontrolldichte bezieht sich auf den Bereich der elterlichen Aufsichtspflicht, bei der in der Regel nur ein oder zwei Kinder miteinander spielen. Insoweit ist die Situation in der Schule eine andere, weshalb eine Kontrolle im Abstand von 30 Minuten oder sogar mehr zumindest in der Grundschule als nicht vertretbar anzusehen ist. An dieser Stelle wird vorgeschlagen, Klassen in der Primarstufe höchstens zehn bis 15 Minuten unbeaufsichtigt zu lassen, mit zunehmendem Alter kann die Kontrolldichte weniger eng ausfallen.

1.6.2 Ausnahme: Vorliegen eines besonderen Aufsichtsanlasses

PRAXIS BEISPIEL

Ein 15-jähriger Schüler, der in der Schule als „Problemkind" bekannt ist, verlässt nach der vierten Stunde die Schule, obwohl er in der fünften Stunde noch Unterricht hat. Gemeinsam mit zwei anderen Schülern begibt er sich zu einem Supermarkt, kauft zwei Schachteln Streichhölzer und zündet damit wenig später einen Reitstall an. Mehrere Pferde verenden. Der Schüler hatte bereits vorher mehrere Brände gelegt.

In manchen Situationen ist es erforderlich, die nur stichprobenartigen Kontrollen zugunsten einer intensiveren Aufsichtsführung aufzugeben, nämlich dann, wenn ein konkreter Anlass zur Sorge besteht, dass ein Schüler einen Schaden erleiden bzw. eine andere Person durch das Verhalten eines Schülers beeinträchtigt werden könnte (sog. *Aufsichtsanlass*). In diesem Fall verdichtet sich gewissermaßen die allgemeine Aufsichtspflicht, bei der noch keine Anzeichen für einen Schadenseintritt vorliegen, zu einem konkreten Handlungsgebot, mit der Folge, dass die Lehrkraft ihre Aufsichtsführung intensivieren muss.

Die Rechtsprechung stellt für die Prüfung der Frage, ob ein solcher Aufsichtsanlass vorliegt, auf eine „besonnene" und „verständige" Aufsichtsperson ab. Aus ihrer Sicht ist für den konkreten Fall zu prüfen, ob bzw. welche Schäden vorhersehbar sind und einzutreten drohen. Woraus können sich die Umstände für einen solchen Schadenseintritt ergeben? „Das Maß der gebotenen Aufsicht bestimmt sich nach Alter, Eigenart und Charakter des Kindes, nach der Vorhersehbarkeit des schädigenden Verhaltens […]."[39] Es sind also zum einen Gründe, die in der Person des zu beaufsichtigenden Schülers liegen, und zum anderen Gründe, die auf die äußeren Umständen zurückzuführen sind.

Gründe in der Person des Kindes

Gründe in der Person des Kindes sind z. B. bestimmte Neigungen, die von den „Normaleigenschaften“ anderer Kinder abweichen (z. B. Neigung zu üblen Streichen, Neigung zu aggressivem Verhalten, Neigung zum Zündeln). In dem Beispielsfall erklärte das OLG Düsseldorf, dass eine nur stichprobenartige Kontrolle „keine Anwendung auf Kinder und Jugendliche finden kann, bei denen davon auszugehen ist, dass sie sich den Belehrungen der Aufsichtspflichtigen verschließen, die Erfahrungen des Lebens mit seinen Gefahren nicht in sich aufnehmen und ihr Verhalten nicht im Allgemeinen altersentsprechend danach ausrichten. Bei Minderjährigen, die zu üblen Streichen oder Straftaten neigen, ist eine erhöhte Aufsichtspflicht geboten; dies gilt insbesondere dann, wenn eine Neigung zum Zündeln bekannt geworden ist. Ob […] derartige Umstände dazu führen können, auch vom Lehrpersonal einer Schule die ständige Überwachung eines Schülers ‚auf Schritt und Tritt‘ zu verlangen, erscheint allerdings zweifelhaft, da eine ‚normale‘ Schule, deren Zweck und Erziehungsauftrag in erster Linie auf die Vermittlung von Wissen zielt, organisatorisch und personell nicht darauf eingerichtet ist, ‚gefährliche‘ Kinder und Jugendliche ‚sicher zu verwahren‘.“[40]

Ebenfalls dazu gehören die *intellektuellen Fähigkeiten* des Kindes (z. B. Uneinsichtigkeit gegenüber Belehrungen und Ermahnungen) sowie *geistige und körperliche Leiden* (z. B. Behinderung eines Kindes). Schülerinnen und Schüler mit den sonderpädagogischen Förderschwerpunkten „Geistige Entwicklung“ oder „(Sozial-)Emotionale Entwicklung“ bedürfen z. B. einer intensiveren Beaufsichtigung als andere. Grundsätzlich kann auch das *Alter* eines Kindes einen Aufsichtsanlass begründen, allerdings gehen die Gerichte – wie bereits oben angedeutet – in ständiger Rechtsprechung davon aus, dass mit dem Schulalter eine Zäsur festzumachen sei und dass nun eine gründliche Kontrolle nicht mehr erforderlich wäre. Bei Kindern im Grundschulalter reiche eine stichprobenweise erfolgende Kontrolle aus, während sich bei älteren Kindern und Jugendlichen der Umfang der Aufsicht dann noch weiter verringere.

Schadensgeneigtheit des Umfeldes

Die Gründe für eine intensivere Aufsichtsführung können sich aber auch aus den äußeren Umständen ergeben. So wird eine Lehrkraft z. B. dann tätig werden müssen, wenn das Kind eine nach der allgemeinen Lebenserfahrung *gefahrenträchtige Handlung* vornimmt (z. B. Klettern auf einem schmalen Sims). Ferner wird eine intensivere Aufsichtsführung geboten sein, wenn der Schüler einen *Gegenstand* benutzt, der aufgrund seiner Beschaffenheit (z. B. Stock, Stein) oder der Art seiner Verwendung (z. B. gezieltes Werfen von Papierkügelchen in Augenhöhe) zu einem Schaden führen kann. Schließlich wird ein besonderer Aufsichtsanlass immer dann vorliegen, wenn es – wie in dem Beispielsfall – um die *Teilnahme am allgemeinen Straßenverkehr* geht.

Maßstab: verständige Person des jeweiligen Verkehrskreises

Als eine 13-jährige Schülerin auf einer 1,30 m hohen Mauer an einer Bushaltestelle sitzt, wird sie von einem Mitschüler herunter gestoßen. Die Lehrerin, welche die Aufsicht führt, ist in ein Gespräch mit anderen Schülern vertieft und bemerkt den Unfall nicht. Als sie auf den Unfall aufmerksam gemacht wird, sieht sie, dass das Kind blass im Gesicht ist, Anzeichen für weitere Verletzungen gibt es nicht. Die vom Sekretariat informierte Mutter fährt mit ihrer Tochter in die Ambulanz des Krankenhauses, wo man zunächst nur eine Rippenprellung diagnostiziert. Erst im nahe gelegenen Klinikum, in das die Schülerin für weitere Untersuchungen überwiesen wird, stellt sich heraus, dass sich die Schülerin schwere innere Verletzungen zugezogen hat. Die Mutter verlangt Schadenersatz und Schmerzensgeld, da die Lehrkraft nicht sofort den Notarzt gerufen hat.

Bei der Frage, ob ein besonderer Aufsichtsanlass vorliegt, ist auf einen verständigen Aufsichtspflichtigen abzustellen. Dieser muss bei seiner Prüfung unter anderem auch Wissen und Erfahrungswerte aus vorangegangenen Situationen einbeziehen (Beispiel: War eine Schülerin / ein Schüler bereits zuvor auffällig?) Allerdings verlangt man grundsätzlich nur solche Kenntnisse, die der jeweilige Verkehrskreis der Aufsichtspflichtigen nach der normalen Lebenserfahrung haben kann. Genau mit dieser Frage musste sich das LG Erfurt in dem Beispielsfall beschäftigen:

Zunächst einmal kann der Lehrerin kein Vorwurf dahingehend gemacht werden, dass sie die Schülerin vor dem Sturz nicht die ganze Zeit beaufsichtigt hat. Bei einem Kind im Alter von fast 13 Jahren kann unter Zugrundelegung eines normalen Entwicklungsverlaufs bereits ein Maß an Eigenverantwortlichkeit vorausgesetzt werden, das eine engmaschige Beaufsichtigung nicht verlangt. „Eine umfassende Beaufsichtigung wäre daher nur dann erforderlich gewesen, wenn besondere Umstände vorgelegen hätten, die Anlass gegeben hätten zu vermuten, dass sie selbst nicht in der Lage ist, sich vor Gefahren zu schützen und diese zu erkennen.“[41] Das war jedoch nicht der Fall.

Der Lehrerin kann aber auch nicht vorgeworfen werden, dass sie nach Kenntnisnahme des Sturzes nicht sofort eine notfallmedizinische Untersuchung veranlasst habe. Aus der Sicht eines objektiven und verständigen Beobachters waren äußerlich keine Verletzungen bei der Schülerin erkennbar.

Weiter erklärt das LG Erfurt: „Sie musste aufgrund der Örtlichkeit des Unfalls auch nicht mit einer schweren Sturzverletzung rechnen, da sich bei einem Sturz von einer 1,30 m hohen Mauer die Verursachung schwerster Verletzung nicht aufdrängt. Des Weiteren war zu berücksichtigen, dass selbst der die [...] [Schülerin, d. V.] in der Ambulanz des Krankenhauses behandelnde Arzt den Umfang der eingetretenen Verletzungen nicht erkannt hat und daher keine Notwendigkeit gesehen hat, die [...] [Schülerin, d. V.] unverzüglich in ein Klinikum zur notfallmedizinischen Versorgung einweisen zu lassen. [...] Wenn aber bereits ein Arzt die Schwere der Verletzungen [...] nicht erkennen kann und die damit verbundene Notwendigkeit, unverzüglich den Verletzten einer notfallmedizinischen Versorgung zuzuführen, kann entsprechendes von einem medizinischen Laien nicht verlangt werden.“[42] Aus den vorgenannten Gründen wurde eine Aufsichtspflichtverletzung der Lehrerin abgelehnt.

1.6.3 Auswahl der erforderlichen Aufsichtshandlung

Nachdem untersucht worden ist, ob ein Aufsichtsanlass besteht bzw. welchen Umfang dieser hat, gilt es weiter zu prüfen, mit welcher ganz konkreten Handlung darauf zu reagieren ist. Abzustellen ist wieder auf den besonnenen und vernünftigen Aufsichtspflichtigen: Welche Handlung ist aus seiner Sicht im ganz konkreten Fall erforderlich, um den Schadenseintritt abzuwenden?

Bei der Auswahl der vorzunehmenden Handlung ist zu berücksichtigen, dass die Aufsichtspflicht und die Erziehung zur Selbstständigkeit in einer engen Wechselbeziehung zueinander stehen und dass die Aufsichtshandlung grundsätzlich mit zunehmendem Alter an Intensität verlieren kann (und muss). Zu den *erforderlichen* Aufsichtshandlungen wird man daher jene Handlungen zählen können, die einerseits zum Nichteintritt des Schadens führen, andererseits jedoch die geringste Belastung für das zu beaufsichtigende Kind darstellt. Anders ausgedrückt: Es ist die mildeste der geeigneten Aufsichtshandlungen auszuwählen.[43]

Die Auswahl der erforderlichen Aufsichtshandlung ist insoweit immer das Ergebnis eines *Abwägungsvorgangs:* Auf der einen Seite der Waage befindet sich gewissermaßen die drohende Gefahr, die zu einem Schaden bei dem Schulkind bzw. einem Dritten führen kann. Auf der anderen Seite bilden der staatliche Erziehungsauftrag (mit dem Ziel des selbstständigen und eigenverantwortlichen Handelns) sowie die Persönlichkeitsentwicklung des Kindes das Gegengewicht. Je nachdem, wie intensiv nun die Waage zugunsten einer möglichen Gefährdung ausschlägt, gilt es das Gleichgewicht wieder herzustellen, wobei die Beschränkungen auf der Seite des Schülers möglichst gering ausfallen sollten.

Es gibt verschiedene Versuche, die Vielzahl der in Frage kommenden Aufsichtshandlungen zu gruppieren bzw. zu systematisieren. Im Wesentlichen lassen sie sich aber alle den drei Handlungen „Belehrung", „Aussprechen von Verboten (inkl. ihrer Überwachung)" sowie „Aktives Eingreifen in den Handlungsablauf" zuordnen. Diese sollen im Folgenden näher vorgestellt werden.

1.6.4 Belehrungen

Belehrungen sind das Aufsichtsmittel mit den geringsten Belastungen für den Schüler, denn ihm wird weitgehend die eigene Entscheidungsfreiheit belassen. Hier geht es zunächst einmal darum, das Bewusstsein des Kindes für bestimmte Gefahrenlagen zu schärfen und es zu einem vorsichtigen Handeln anzuleiten. Nicht unbedingt erforderlich ist es, den Schüler von jedem Gegenstand fernzuhalten, der bei unsachgemäßer Verwendung gefährlich werden kann, denn gerade „die Erziehung des Kindes zu verantwortungsbewusstem Hantieren mit einem solchen Gegenstand ist oft der bessere Weg zur Schadensverhütung."[44]

1.6.5 Aussprechen von Verboten (inkl. ihrer Kontrolle)

PRAXIS BEISPIEL

Grundschüler D bekommt von seinem Großvater einen aus Zaundraht gefertigten Stern geschenkt, an dem sich auch ein kleiner Schweif befindet. Als die Klassenlehrerin am nächsten Morgen sieht, wie D damit herumspielt, bittet sie ihn, den Gegenstand in seinen Schulranzen zu stecken. In der anschließenden Pause sticht D den Schweif in das linke Auge eines Mitschülers, welches später erblindet. Die Eltern des Opfers vertreten die Ansicht, dass die Klassenlehrerin keine ausreichenden Sicherheitsvorkehrungen gegenüber D getroffen habe, zumal es sich um einen Erstklässler handele, den sie bisher kaum kannte.

Immer dann, wenn Belehrungen in der konkreten Situation nicht ausreichend erscheinen, um den drohenden Schaden abzuwenden, muss die Lehrkraft Verbote aussprechen und deren Einhaltung auch überwachen. Ein solches Verbot reicht jedoch nur dann aus, wenn der aufsichtspflichtige Lehrer auch von dessen Wirkung überzeugt sein durfte, etwa weil sich der Schüler in der Vergangenheit immer an entsprechende Weisungen des Lehrers gehalten hat.

Im vorliegenden *Beispielsfall* untersagte die Klassenlehrerin das Weiterspielen mit dem Gegenstand und wies den Schüler an, den Stern in seinem Ranzen zu verstauen. Das war nach Ansicht des Gerichts auch ausreichend, da die Lehrkraft grundsätzlich nicht mit einem solchen aggressiven Verhalten zu rechnen brauchte. Auch gab es für die Lehrerin keine Anzeichen dafür, dass es zu einer solch aggressiven Handlung kommen könnte (z. B. eine vorhergehende Auseinandersetzung zwischen den Schülern). „Zwar ergibt sich aus der nachträglichen Betrachtung, dass es im vorliegenden Fall besser gewesen wäre, wenn sie den betreffenden Gegenstand dem Schüler weggenommen hätte. Dass sie dies jedoch nicht getan hat, stellt keine schuldhafte Verletzung ihrer Aufsichtspflicht dar. Insoweit ist auch zu berücksichtigen, wie sich aus der Verfahrensakte auch ergibt, dass selbst die Mutter des Mitschülers offensichtlich in Kenntnis dessen, dass ihr Sohn die Geschenke des Großvaters mit in die Schule nehmen wollte, ihm dies nicht generell untersagt hat.“[45]

1.6.6 Aktives Eingreifen bzw. Gefahrvereitelung

PRAXIS BEISPIEL Lehrerin L hat Pausenaufsicht. Grundschüler G kommt auf sie zu und tritt ihr mit dem Schuh in die Wade. Auf Ansprachen von L reagiert G nicht. Er rennt weiter und springt in Pfützen, um seine Mitschüler mit Matsch zu bespritzen. Aufforderungen, dieses zu unterlassen, kommt er nicht nach. Die Lehrerin packt ihn schließlich am Oberarm und zieht ihn von den anderen Kindern weg. Dabei erleidet G nachweislich einen blauen Fleck an seinem Oberarm.

Die letzte und intensivste Form der Aufsichtsführung ist das *Unmöglichmachen* bzw. Vereiteln des Gefahreneintritts. Hier greift die Lehrkraft ganz bewusst in einen schon in Gang gesetzten Kausalverlauf ein und beseitigt die Gefahrenquelle, um so (weiteren) Schaden zu verhindern. Erleidet dabei der Schüler, dessen Handlung unterbrochen wird, einen Schaden, ist dieser durch die rechtmäßig wahrgenommene Aufsichtshandlung gerechtfertigt.

Im vorliegenden *Beispielsfall* hatte G, vertreten durch seine Eltern, einen Schmerzensgeldanspruch geltend gemacht. Das AG Augsburg führte dazu aus, dass die erlittene fahrlässige Körperverletzung durch die Aufsichtspflicht gerechtfertigt war: Die Aufsichtspflicht umfasse auch das Recht und die Pflicht zu einem körperlichen Eingreifen, sollte der Schüler sich selbst gefährden oder andere Kinder gefährden oder schädigen. „Für das Gericht steht […] fest, dass […] [der Schüler, d. V.] Belehrungen und Ermahnungen nicht zugänglich war. […] [Der Schüler, d. V.] war ‚außer Rand und Band‘, er tobte herum, […] er beschmutzte andere Schüler. Die […] aufsichtführende Lehrkraft war aufgrund dieses Verhaltens verpflichtet, den […] [Schüler, d. V.] zum Eigenschutz und zum Schutz der anderen Kinder körperlich festzuhalten. Sie war berechtigt, ihn am Oberarm zu packen […].

Dass hierdurch (ungewollte) geringfügige Verletzungen verursacht wurden, hat der [...] [Schüler, d. V.] hinzunehmen."[46]

1.6.7 Grenze: Möglichkeit und Zumutbarkeit

PRAXIS BEISPIEL

> Ein 15-jähriger Schüler, der in der Schule als „Problemkind" bekannt ist, verlässt nach der vierten Stunde die Schule, obwohl er in der fünften Stunde noch Unterricht hat. Gemeinsam mit zwei anderen Schülern begibt er sich zu einem Supermarkt, kauft zwei Schachteln Streichhölzer und zündet damit wenig später einen Reitstall an. Mehrere Pferde verenden. Der Schüler hatte bereits vorher mehrere Brände gelegt.

Die Frage nach der (individuellen) Möglichkeit und Zumutbarkeit einer Aufsichtshandlung stellt gewissermaßen ein letztes Korrektiv bei der Auswahl der notwendigen Aufsichtshandlung dar. Beide Merkmale sind immer dann relevant, wenn es aufgrund der Anzahl der beaufsichtigenden Schülerinnen und Schüler zu einer *Pflichtenkollision* kommt oder wenn eine *engmaschigere Beaufsichtigung* eines Schulkinds in Rede steht.

In dem Beispielsfall lehnte das OLG Düsseldorf eine Aufsichtspflichtverletzung der Lehrkräfte ab: Zum einen konnte nicht nachgewiesen werden, dass die Schule von den vorangegangenen Brandstiftungen tatsächlich Kenntnis hatte und somit ein besonderer Aufsichtsanlass vorlag. Doch selbst wenn die Lehrkräfte von der Zündelneigung des Schülers gewusst hätten, erscheint es aus der Sicht des Gerichts zum anderen fraglich, ob man von einer Schule eine Überwachung auf Schritt und Tritt verlangen könne, „da eine ‚normale' Schule, deren Zweck und Erziehungsauftrag in erster Linie auf die Vermittlung von Wissen zielt, organisatorisch und personell nicht darauf eingerichtet ist, ‚gefährliche' Kinder und Jugendliche ‚sicher zu verwahren'."[47]

1.6.8 Übersicht als Prüfprogramm

Fasst man die vorgenannten Ausführungen zusammen, so ergibt sich für die Lehrkräfte ein dreischrittiges *Prüfprogramm*, mit dessen Hilfe im Unterrichtsalltag recht zuverlässig beurteilt werden kann, welche konkrete Aufsichtshandlung jeweils vorzunehmen ist:

Grundsatz:
stichprobenartige Kontrolle (keine Kontrolle „auf Schritt und Tritt")

Ausnahme:
Ein besonderer Aufsichtsanlass liegt vor: Sind Anhaltspunkte für eine drohende Schädigung der Schülerin / des Schülers oder eines Dritten erkennbar, die ausnahmsweise eine intensivere Beaufsichtigung des Kindes erfordern?

- Gründe in der Person des Kindes (z. B. Gewaltbereitschaft)
- Schadensgeneigtheit des Umfelds (z. B. Teilnahme am Straßenverkehr)

Auswahl der notwendigen Aufsichtshandlung:
Welche mögliche und zumutbare Handlung würde eine vernünftige Aufsichtsperson im konkreten Fall vornehmen, um den drohenden Schaden zu verhindern?

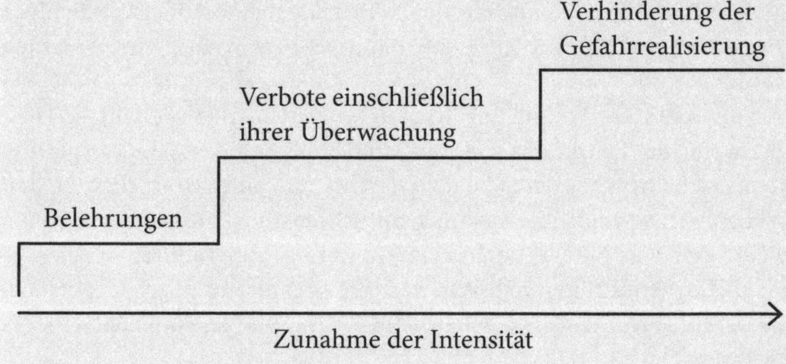

2 Aufsichtsbereiche

Während die schulische Aufsichtspflicht bisher eher unter dogmatischen Gesichtspunkten erläutert wurde, soll es nun für Sie, liebe Leserin, lieber Leser, möglichst praktisch werden: Anhand zahlreicher Beispiele aus der Rechtsprechung soll das bisher Gesagte auf typische Situationen aus dem Schulalltag übertragen werden und so deutlich machen, wann von einer rechtmäßigen Aufsichtsführung ausgegangen werden kann. Es ist wichtig, noch einmal darauf hinzuweisen, dass manche Bundesländer spezielle Verwaltungsvorschriften für einzelne Aufsichtsbereiche erlassen haben. Es ist von großer Bedeutung, dass Sie sich mit den Regelungen Ihres Bundeslandes vertraut machen, da durch diese Vorschriften die allgemeinen Grundsätze der Aufsichtsführung, z. B. für den Sportunterricht oder für Klassenfahrten, verbindlich für Sie spezifiziert werden.

2.1 Schulwege und Schulbushaltestellen

An anderer Stelle wurde bereits dargestellt, dass die schulische Aufsichtspflicht grundsätzlich nicht die Wege von der elterlichen Wohnung zur Schule bzw. von der Schule zurück nach Hause umfasst *(Schulwege)*. Diese fallen in den Aufsichtspflichtbereich der Erziehungsberechtigten. Der BGH erklärt dazu: „Die Schule muss die ihr anvertrauten Schüler vor den vermeidbaren Gefahren bewahren, die sich aus dem Schulbetrieb ergeben, insbesondere der damit verbundenen Zusammenfassung einer großen Zahl von Kindern und Jugendlichen mit ihrem oft ungestümen Drang nach Bewegung und Freiheit. Sie muss die Schüler deshalb beaufsichtigen, wenn und solange sie sich in diesem Gefahrenbereich aufhalten. Dieser Bereich kann auch die mit der Benutzung von Schulbussen verbundenen Gefahren umfassen. Von einem der Schule zuzurechnenden Gefahrenbereich kann nur gesprochen werden, wenn sie tatsächlich und rechtlich in der Lage ist, auf die Schüler einzuwirken. Deshalb entfällt grundsätzlich eine Aufsichtspflicht für den Weg zwischen der Wohnung des Schülers und der Schule, den sog. Schulweg, während sie auf den sog. Unterrichtswegen besteht. Das sind die von den Schülern gemeinsam mit ihren Lehrern zurückgelegten Strecken innerhalb der Schulgebäude und zwischen diesen und außerhalb davon liegenden, für die Zwecke der Schule benutzten Einrichtungen […].“[48]

Ebenfalls wurde bereits darauf hingewiesen, dass sich die Aufsichtspflicht der Lehrkräfte auch auf den Bereich von *Schulbushaltestellen* erstrecken kann, und zwar auch dann, wenn dieses nicht gesetzlich vorgesehen ist. Vorauszusetzen ist allerdings, dass sich die Schulbushaltestelle noch im räumlichen und funktionalen Bereich der Schule befindet. Das ist insbesondere dann der Fall, wenn die Schulbushaltestelle an das Schulgrundstück grenzt. Aber auch eine Schulbushaltestelle in rund 400 Metern Entfernung kann noch einen hinreichenden Schulbezug aufweisen, wenn es sich um eine zeitweilig verlegte Haltestelle im Zuge von Straßenbauarbeiten handelt.

2.2 Unterricht

2.2.1 Verweis aus dem Klassenraum

PRAXIS BEISPIEL Schüler S stört in erheblicher Weise den Unterricht. Die Klassenlehrerin schickt ihn vor die Tür, damit er zur Ruhe kommt. S begibt sich in einen neben dem Klassenraum gelegenen Aufenthaltsraum. Aus nicht zu klärenden Gründen stürzt S aus dem Fenster und zieht sich schwere Verletzungen zu. Die Eltern machen die Klassenlehrerin dafür verantwortlich und begehren Schadensersatz.

Da eine Kontrolle „auf Schritt und Tritt" grundsätzlich nicht erforderlich ist, stellt das vorläufige Verweisen eines Schülers aus dem Unterrichtsraum eine zulässige (Erziehungs-)Maßnahme dar. Etwas anderes wird man nur für den Fall annehmen müssen, dass der Lehrkraft besondere Umstände bekannt sind, die im konkreten Fall zu einem Personen- oder Vermögensschaden führen könnten (sog. Aufsichtsanlass). Das wäre z. B. der Fall, wenn die Lehrerin gewusst hätte, dass sich der Schüler vor der Tür nicht ordnungsgemäß und vernünftig verhält. So hat in dem Beispielsfall das entscheidende OLG Stuttgart den Schadensersatzanspruch der Eltern zu Recht abgewiesen. Es habe weder eines speziellen Hinweises an den Schüler bedurft, dass dieser sich vor der Tür aufhalten solle, noch wäre es erforderlich gewesen, die Tür zum Klassenraum offen zu lassen. Das Hinausstürzen aus dem Fenster des Nebenraums liege außerhalb jeder Lebenserfahrung.[49]

PRAXIS BEISPIEL Der 11-jährige Schüler K stört fortlaufend den Unterricht von Grundschullehrerin L. Als sie ihn aus dem Unterricht verweisen will, reagiert K darauf überhaupt nicht. Auch ihren weiteren Aufforderungen, den Raum zu verlassen, kommt K nicht nach. Als L ihn von seinem Platz hochziehen will, klammert sich K an seinem Tisch fest. L packt ihn daraufhin am Oberarm, um ihn aus dem Raum zu geleiten. Als K sagt, dass er Schmerzen habe, lässt L ihn sofort los. K trägt ein ca. 2 cm großes Hämatom davon. Die Eltern von K stellen Strafantrag wegen Körperverletzung im Amt.

Fraglich ist, inwieweit Lehrkräfte befugt sind, ihre Anordnungen auch durch unmittelbaren (körperlichen) Zwang gegenüber Schülerinnen und Schülern durchzusetzen. In dem vorliegenden Fall entschied das *LG Berlin*, dass das Verhalten der Lehrerin selbst dann aus strafrechtlicher Sicht gerechtfertigt gewesen wäre, wenn man die erlittenen blauen Flecke als Körperverletzung würdigen würde.[50] Zur Begründung führt das Gericht an:

„Eine Rechtfertigung folgt aus den allgemeinen Regeln, weil der Landesgesetzgeber den Lehrern mit dem Berliner Schulgesetz nur unzureichende Handlungsmöglichkeiten eröffnet. [...] Ob und welche – niedrigschwelligeren – Mittel ein Lehrer zur Durchsetzung der Ordnungsmaßnahmen nutzen darf, wenn die verbale Aufforderung vom Schüler nicht befolgt wird, ist nicht geregelt. Dass Lehrer vom Gesetzgeber in derartigen – in Großstädten wie Berlin fast schon alltäglichen – Situationen ohne Handlungsvorgaben sich selbst überlassen bleiben, kann allerdings nicht [...] zur Folge haben, dass ihnen – anders als Polizisten – die Möglichkeit einer Rechtfertigung generell versagt ist, wenn sie [...] als ultima ratio zu einfachem körperlichen Zwang ohne erkennbare Züchtigungsabsicht greifen."[51]

Entgegen dem LG Berlin wird man unmittelbaren (körperlichen) Zwang immer nur solange als zulässig ansehen können, wie das Lehrerverhalten noch keinen Straftatbestand verwirklicht und insoweit noch als sozialadäquat anzusehen ist. Dafür spricht zum einen der Gedanke, dass alle Schulgesetze keine ausdrücklichen Rechtfertigungsgründe vorsehen, die Lehrkräften die Befugnis geben, ihre erteilten Anordnungen mit körperlichem Zwang auf Seiten der Schüler durchzusetzen. Eine solche Rechtfertigung aus dem allgemeinen Recht herzuleiten – wie es das LG für das Schulrecht Berlins getan hat – würde wohl dem Willen des Gesetzgebers widersprechen. Auch der Hinweis des LG, dass Lehrer in Großstädten andernfalls sich selbst überlassen blieben und ihnen ggf. ein Autoritätsverlust drohe (so das AG Tiergarten), vermag vor dem Hintergrund der Rechtsstaatlichkeit nicht zu überzeugen. Zum anderen ist in der wissenschaftlichen Literatur fraglich, ob und in welchen Grenzen die strafrechtlichen Rechtfertigungsgründe überhaupt auf Hoheitsträger wie Lehrkräfte anwendbar sind.[52]

2.2.2 Offene Unterrichtsformen

Herr L möchte mit seiner Klasse ein sog. „Stationenlernen" einüben, bei dem sich eine Station in einem entfernteren Computerraum und eine andere auf dem Schulhof befindet. L möchte die Gelegenheit nutzen, das Arbeitsverhalten einzelner Schülerinnen und Schüler zu beobachten. Darf er das?

Offene Unterrichtsformen gehören mittlerweile zum Schulalltag. Sie zeichnen sich vor allem dadurch aus, dass sich die Kinder die Unterrichtsinhalte in längeren Phasen selbstständig und im eigenen Lerntempo erarbeiten. Dazu gehört auch, dass die Kinder zeitweilig die Unterrichtsräume verlassen, weil sie z. B. in einem anderen Raum in einer Gruppenarbeit ein bestimmtes Produkt anfertigen sollen oder – wie im Beispielsfall – im Rahmen eines Stationenlernens eine bestimmte Station bearbeiten müssen.

In all diesen Fällen stehen die Schüler für einen gewissen Zeitraum nicht unter der unmittelbaren Aufsicht der Lehrkraft. Gleichwohl ist gegen diese Unterrichtsform aus Sicht der schulischen Aufsichtspflicht dem Grunde nach nichts einzuwenden. Auszugehen ist wieder von dem Grundsatz, dass Kinder nicht ständig überwacht werden müssen bzw. eine Kontrolle „auf Schritt und Tritt" nicht notwendig ist.[53] Aus der Sicht eines besonnenen und vorsichtigen Aufsichtspflichtigen würde aber zumindest dann ein besonderer Aufsichtsanlass vorliegen, wenn es sich um noch jüngere Schüler handelt oder wenn die betreffenden Kinder zu Unfug neigen. In diesem Fall wäre sicherlich eine engmaschigere Kontrolle notwendig. Steht zu befürchten, dass die Kinder noch nicht allein ohne direkte Aufsicht der Lehrkraft arbeiten können, muss in letzter Konsequenz auf das Verlassen des Klassenraumes verzichtet werden.

2.2.3 Wege zwischen unterschiedlichen Unterrichtsorten

PRAXIS BEISPIEL Jeden Montag in der fünften und sechsten Stunde hat die Klasse 3a Schwimmunterricht. Den Weg zum Schwimmbad – es befindet sich nur rund einen Kilometer von der Schule entfernt – legen die Kinder stets allein zurück. Um seiner Mitschülerin M zu imponieren, klettert T eines Tages auf ein Fahrzeugdach, wobei es zu Beschädigungen kommt. Der Eigentümer des Fahrzeugs ist der Meinung, dass eine Lehrkraft hätte anwesend sein müssen.

Im Gegensatz zum Schulweg (hierunter ist der Weg von der Wohnung zur Schule und zurück zu verstehen, für den die Erziehungsberechtigten zuständig sind) ist die Schule auch für einen sicheren *Unterrichtsweg* verantwortlich (z. B. von der Schule zum Schwimmbad, zum Theater u. a.). Da Unterrichtswege einen besonderen Aufsichtsanlass begründen, muss die Schule genau prüfen, welche Aufsichtshandlung bei der jeweiligen Lerngruppe erforderlich ist. Im vorliegenden Fall stellt sich daher die Frage, ob auf dem Unterrichtsweg zwischen Schule und Schwimmhalle eine Beaufsichtigung der Schüler durch eine begleitende Lehrkraft erforderlich gewesen wäre.

Das LG Hamburg bejahte dies. Es stellte dazu fest, dass der Umstand, dass Schüler während der eigentlichen Schulzeit unbeaufsichtigt sind, „sie in besonderem Maße zu unkontrollierten und unsachgemäßen Handlungen verleitet […]. Hinzu kommt, dass gerade bei Schülern im Alter von etwa 10 Jahren in derartigen Fällen vermehrt damit zu rechnen ist, dass sie einander durch an sich verbotene Handlungen imponieren wollen […]. Die hierin liegende Steigerung der Gefahr unkontrollierter Handlungen durch die Schüler im Alter von 9/10 Jahren bedeute nach Überzeugung der Kammer, dass hier eine Aufsicht erforderlich ist."[54]

Abzustellen ist also immer auf die jeweilige *Situation*. So macht es sicherlich einen Unterschied, ob wie in dem Beispielsfall eine Grundschulklasse oder eine 6. Klasse betroffen ist, ob der Unterrichtsweg in einer städtischen oder eher ländlichen Gegend stattfindet. Grundsätzlich sollte aber bei *Grundschulkindern* eine Beaufsichtigung auf Unterrichtswegen erfolgen, denn nur dann wird man dem Vorwurf der mangelnden Aufsichtsführung entgehen können. *Schülerinnen und Schüler von weiterführenden Schulen* werden wohl nur beaufsichtigt werden müssen, wenn eine besondere Gefahrenlage zu erwarten ist.[55] So hat der BGH eine Aufsichtspflichtverletzung für den Fall abgelehnt, dass eine Gruppe von Realschülern einen rund 1,5 km langen Unterrichtsweg allein zurücklegen muss und es dabei zu einem Unfall kommt.[56] Manche Bundesländer fordern hingegen auch noch für die 5. und 6. Klassen eine Begleitung der Schüler.[57]

2.2.4 Beschädigung von Schülereigentum durch Lehrkräfte

PRAXIS BEISPIEL

> Für den Musikunterricht bringt Schüler K seinen Kontrabass mit in die Schule. Als der Musiklehrer der Klasse etwas auf dem Instrument vorspielen will, wird dieses durch eine Unachtsamkeit beschädigt. K möchte den Schaden von M ersetzt haben.

Beschädigt ein Lehrer schuldhaft, d. h. vorsätzlich oder fahrlässig, das Eigentum eines Schülers, dann liegt ohne Weiteres eine Aufsichtspflichtverletzung und damit auch ein Amtshaftungsanspruch vor. Der Schadensersatzanspruch des Eigentümers richtet sich dabei nicht unmittelbar gegen die Lehrkraft, sondern gegen deren Anstellungskörperschaft. Diese könnte bei dem Lehrer nur dann Regress fordern, wenn er vorsätzlich oder grob fahrlässig gehandelt hat (vgl. Art. 34 GG i. V. m. § 839 Abs. 1 BGB).

2.2.5 Schutz des Schülereigentums vor Diebstahl

PRAXIS BEISPIEL Vor der Sportstunde sammelt Lehrer U Wertgegenstände wie Uhren und Handys von seinen Schülern ein und bringt sie in die Lehrerumkleidekabine. Leider vergisst er, die Tür abzuschließen. Während der Sportstunde entwenden unbekannte Täter diverse Gegenstände, unter anderem die Armbanduhr von Schüler S im Wert von 1.000 Euro. Dieser verlangt daraufhin Ersatz von der Schule, da U gegen seine Aufsichtspflicht verstoßen habe.

Bereits im Jahr 1964 machte der BGH deutlich, dass sich die Aufsichtspflicht der Schule auch darauf erstreckt, Schülereigentum vor Diebstahl zu schützen: „Die Schule übernimmt dabei nicht etwa an Stelle des Schülers die Sorge für alle von den Schulkindern in die Schule mitgebrachten Sachen; deren Wahrnehmung bleibt weiter Aufgabe der Schüler. Die Schule braucht auch [...] keine Vorrichtungen zu schaffen, damit die Schüler während der Schulzeit alle möglichen kostbaren Wertsachen völlig diebessicher verwahren lassen können. Verlangt die Schule, dass die Schüler während der Schulveranstaltungen einzelne ihrer Sachen ablegen, sodass die Kinder sich nicht mehr selbst darum kümmern können, dann muss die Schule zwar dafür sorgen, dass diese Sachen in dieser Zeit angemessen gesichert oder beaufsichtigt werden und dass die Schüler hinterher Gelegenheit haben, die Sachen wieder an sich zu nehmen.“[58]

Vor diesem Hintergrund besteht in unserem Ausgangsfall auch zweifellos ein Anspruch des Schülers gegen Lehrer U (genauer gesagt: gegen das Land Hamburg, aber dazu später unter 3.3 mehr) auf Erstattung der Uhr – aber auch in der Höhe von 1.000 Euro? Trägt der Schüler nicht eine Mitschuld insoweit, als dass er einen solch teuren Wertgegenstand mit in die Schule bringt? Genau mit dieser Frage musste sich das LG auseinandersetzen und kam dabei zu folgendem Ergebnis:

„Hinsichtlich der Armbanduhr teilt die Kammer die Ansicht der Beklagten, dass der Kläger keinen Ersatz in Höhe des Wertes der tatsächlich entwendeten Uhr der Marke T. H. verlangen kann, sondern dass er unter dem Gesichtspunkt eines Mitverschuldens gemäß § 254 Abs. 1 BGB lediglich Ersatz für eine Armbanduhr ‚mittlerer Art und Güte‘, d. h. von vergleichsweise geringerem Wert verlangen kann. Denn es gilt der allgemeine Grundsatz, dass jedermann im Rahmen des Zumutbaren gehalten ist, notwendige Vorkehrungen zur Abwendung eines Schadens zu treffen und einen potentiell drohenden Schaden möglichst klein zu halten. Dem Kläger war klar, dass er am 3. Juni 2013 Sportunterricht haben würde und dass er hierbei seine Armbanduhr nicht tragen kann, diese also – wenn er sie nicht in die Sporthalle mitnehmen oder sie nicht beim Sportlehrer in Verwahrung geben möchte oder kann – in der Umkleidekabine wird zurücklassen müssen. Ihm musste weiter klar sein, dass in einer Umkleidekabine Gegenstände schon allein deswegen nicht vollständig sicher verwahrt werden können, weil sämtliche Mitschüler Zugang zu dieser Kabine haben. Im Übrigen musste auch ohne konkrete Vorwarnungen der Schulleitung mit der Gefahr eines Einbruchs in die Kabine während des Sportunterrichts gerechnet werden, weil ein solcher Raum, in dem sich Uhren, Handys und sonstige persönliche Gegenstände mehrerer Schüler befinden, für potentielle Diebe während des Sportunterrichts und der deswegen sichergestellten Abwesenheit der Schüler ein lohnendes Ziel ist. Das gilt erst recht, wenn es – wie der Kläger vortragen lässt – üblich ist, dass Schüler gerade an seiner Schule Uhren im Wert von rund 1.000,– € tragen und iPhones benutzen.“[59] Das Gericht gestand ihm einen Anspruch in Höhe von 100 Euro zu.

PRAXIS BEISPIEL

Kurz vor dem Turnunterricht bemerkt die Sportlehrerin, dass Schülerin S noch ein goldenes Armband trägt. Sie nimmt es ihr aus Sicherheitsgründen ab und legt es auf das Fensterbrett zwischen Lehrerumkleideraum und Turnhalle. Nach Beendigung des Sportunterrichts bleibt das Armband dort liegen und wird von einem Unbekannten entwendet. Die Eltern der Schülerin verlangen von der Schule Schadensersatz.

Ist der Zeitraum vorbei, in dem der Schüler sein Eigentum abgeben musste (z. B. Ende der Sportstunde), dann gehört es nicht mehr zur Aufsichtspflicht der Schule, für eine *ordnungsgemäße Rückgabe* zu sorgen. Die Lehrkraft muss also nicht bei jedem einzelnen Kind darauf achten, dass es all seine abgelegten Gegenstände auch wieder an sich nimmt und in der Schule keine Sachen vergisst: Insoweit genügen allgemeine Belehrungen, eine entsprechende allgemeine Organisation und die übliche Aufsicht.

In dem *Beispielsfall* wäre daher im Grunde eine Aufsichtspflichtverletzung der Lehrerin abzulehnen, da die Schülerin bei entsprechendem Hinweis vor der Sportstunde selbst an ihr Armband hätte denken müssen. Allerdings gab es hier die Besonderheit, dass das Armband an einem besonderen Ort abgelegt worden war:

„Die Pflichtverletzung der Lehrerin lag nur darin, dass sie nach dem Unterricht das Armband vergaß und es unbeaufsichtigt an einer vielen anderen Personen zugänglichen Stelle liegen ließ, statt sich darum zu kümmern, dass die […] [Schülerin, d. V.] das Armband wieder an sich nahm. Gewiss genügt es nach den früheren Ausführungen, dass die Schule den Kindern grundsätzlich nur die Möglichkeit gewährt, ihre abgelegten Sachen wieder an sich zu nehmen; aber hier hatte die Lehrerin das Armband auf ein so hohes Fensterbrett gelegt, dass das Kind es nicht im Auge hatte und der

Hilfe der Lehrerin zur Mitnahme bedurfte; bei einer solchen Verwahrung war es Pflicht der Lehrerin, dem Kind das Armband wiederzugeben. Das zu tun hat die Lehrerin vergessen."[60]

Zu Recht abgelehnt wurde daher ein Schadensersatzanspruch für den Fall, dass ein Schüler nach dem Sportunterricht seine Armbanduhr vergisst und diese anschließend nicht mehr auffindbar ist.[61]

2.2.6 Erkrankung einer Schülerin oder eines Schülers

PRAXIS BEISPIEL Der 15-jährige B klagt über Bauchkrämpfe und Übelkeit. Die Klassenlehrerin überlegt, ob sie ihn ohne Weiteres nach Hause entlassen kann.

An anderer Stelle wurde bereits darauf hingewiesen, dass sich die schulische Aufsichtspflicht grundsätzlich nicht auf die Schulwege (Wege zwischen der elterlichen Wohnung und der Schule) erstreckt, da diese in den Aufsichtsbereich der Eltern fallen. Anders verhält es sich jedoch dann, wenn ein Schüler während des Schulbesuchs erkrankt, da dann wieder ein besonderer *Aufsichtsanlass* gegeben ist. In diesem Fall ist aus der Sicht eines umsichtigen Aufsichtspflichtigen zu prüfen, ob der Schüler den Heimweg noch allein antreten kann oder ob der Schüler aufgrund seiner Erkrankung ersichtlich nicht in der Lage ist, gefahrlos nach Hause zu gelangen. Unter diesen Umständen wirkt die Aufsichtspflicht der Schule so lange fort, bis der Schüler in die Obhut der Eltern oder von ihnen beauftragter Personen übergeben wird.

Das OVG Nordrhein-Westfalen erklärt dazu: „Erkrankt ein Schüler während des Unterrichts oder einer sonstigen Schulveranstaltung am Schulort und kann er nicht weiter am Unterricht teilnehmen, darf er nach Hause gehen. Da sich die Aufsichtspflicht der Schule grundsätzlich nicht auf den Weg von der Schule nach Hause, sondern außerhalb von Schulveranstaltungen nur auf den Weg zwischen Schulgrundstück und anderen Orten von Schulveranstaltungen (Unterrichtsweg) erstreckt [...], setzt in diesem Fall die alleinige Aufsichtspflicht der Eltern grundsätzlich wieder ein, sobald der Schüler das Schulgelände oder den anderen Ort einer Schulveranstaltung verlassen hat. Die Aufsichtspflicht der Schule besteht nur fort, soweit der Schüler ersichtlich allein nicht in der Lage ist, gefahrlos in die Obhut seiner Eltern (nach Hause) zu gelangen. Es gehört dann zur Aufsichtspflicht der Schule, die Eltern zu benachrichtigen und sie aufzufordern, ihr Kind von der Schule abzuholen oder sonst in ihre Obhut zu nehmen. Dazu sind die

Eltern zivilrechtlich nach § 1631 Abs. 1 BGB gegenüber ihrem Kind und [...] auch öffentlichrechtlich gegenüber der Schule verpflichtet."[62]

Schüler dürfen damit im Krankheitsfall allein den Heimweg antreten, es sei denn, der Schüler ist ersichtlich allein nicht in der Lage, gefahrlos in die Obhut nach Hause zu gehen.

Aufgrund des körperlichen Zustands des 15-jährigen B entscheidet sich die Klassenlehrerin dagegen, dass B allein den Heimweg antritt. Sie ruft die Eltern an und bittet sie, ihren Sohn von der Schule abzuholen. Als sie den Vater erreicht, gibt dieser zu verstehen, dass er augenblicklich keine Zeit für so etwas habe, sondern irgendwann gegen Mittag kommen werde.

So oder ähnlich kommt es leider immer wieder im Schulalltag vor, dass Eltern ihre Kinder nach einer Aufforderung durch die Schule nicht abholen – entweder weil sie gerade z. B. aus beruflichen Gründen nicht können oder eben auch nicht wollen. Die juristische Bewertung dieses Sachverhalts ist mit dem bereits oben zitierten OVG Nordrhein-Westfalen relativ schnell umrissen: „Kommen die Eltern dieser Pflicht – aus welchen Gründen auch immer – nicht nach, bleibt es zunächst unter der Aufsicht der Schule. Muss ein Schüler zu einem Arzt oder in ein Krankenhaus gebracht werden, ist dies, wenn die Eltern ihn nicht übernehmen (können), in Wahrnehmung ihrer Aufsichtspflicht Aufgabe der Schule. In beiden Fällen endet die Aufsichtspflicht der Schule erst mit der Übergabe des erkrankten Schülers in die Obhut der Eltern."[63]

Es ist somit weniger eine theoretische Frage, wie die Schule in solch einem Fall vorgehen soll, sondern vor allem eine praktische, denn schließlich stehen im Regelfall kaum andere Kollegen aufgrund ihrer eigenen Unterrichtsverpflichtung dafür zur Verfügung. Dann ist es Sache der Schulleitung, kreative Lösungen zu finden; sehr häufig spielt das Schulsekretariat dabei eine sehr bedeutende Rolle.

2.2.7 Erledigung von Aufgaben außerhalb der Schulzeit

Musiklehrerin M thematisiert in ihrer Klasse gerade das Thema „Musik und Werbung". Nachdem sie zunächst in ihrem Unterricht die theoretischen Grundlagen behandelt hat, erhalten ihre Schülerinnen und Schüler für die nächsten Wochen den Arbeitsauftrag, in Kleingruppen einen Werbeclip zu einem bestimmten Produkt zu filmen, zu schneiden, zu bearbeiten und mit passender Musik zu unterlegen. Eigentlich sollen die Videoaufnahmen während des Musikunterrichts auf dem Schulgelände erstellt werden, doch auf Bitten von Seiten der Schülerschaft räumte sie die Möglichkeit ein, den Werbeclip auch außerhalb des

Schulunterrichts im privaten Bereich zu drehen. Davon machen auch Schüler A, B und C Gebrauch. Sie treffen sich daher nach Unterrichtsschluss zuhause bei A, um den Werbeclip zu drehen, wobei B mehrere Szenen spielen soll. Nach dem anstrengenden Dreh geht B irrtümlich davon aus, dass alles „im Kasten" ist, tatsächlich ist allerdings der Akku des Aufnahmegeräts leer. Als B das bemerkt, verlässt er wütend den Drehort, um auf direktem Weg nach Hause zu gehen. Sein Kumpel C verfolgt ihn und rempelt ihn an. B stürzt, zieht sich u. a. ein Schädel-Hirn-Trauma zu und ist seitdem auf einen Rollstuhl angewiesen.

Die Aufsichtspflicht der Lehrkräfte erstreckt sich – wie bereits oben dargestellt – immer nur auf die Zeit des eigentlichen Schulbetriebs. Der Schulweg (d. h. der Weg zur Schule und zurück nach Hause) sowie Tätigkeiten außerhalb von Schule, die im Zusammenhang mit dem Schulbesuch stehen (z. B. Erledigung von Hausaufgaben) werden grundsätzlich nicht von der Aufsichtspflicht erfasst. Aus diesem Grund ist auch im vorliegenden Fall, bei welchem es um die im Schulalltag verbreitete Anfertigung von Projektarbeiten außerhalb der regulären Schulzeit geht, keine Aufsichtspflichtverletzung möglich.

Zumindest unter dem Gesichtspunkt der Aufsichtspflicht könnte man an dieser Stelle schließen und zum nächsten Aufsichtsbereich übergehen. Allerdings haben wir als Lehrkräfte doch ein gewisses Interesse daran, dass unsere Schülerinnen und Schüler bei der konkreten Durchführung der außerunterrichtlichen Projekte zumindest unter dem Versicherungsschutz der Gesetzlichen Unfallversicherung stehen. Also lassen Sie uns noch kurz bei diesem Thema verbleiben – denn dass die Schüler versichert sind, ist nicht selbstverständlich!

Grundsätzlich besteht der Versicherungsschutz nach der Gesetzlichen (Schüler-)Unfallversicherung immer nur dann, wenn die Tätigkeit, bei der der Schüler einen Unfall erleidet, einen inneren Zusammenhang zur Schule und damit einen Schulbezug hat (vgl. dazu ausführlich unter 3.1.1). Konkret fordern die Gerichte, dass die konkrete Verletzungshandlung durch die Besonderheiten des Schulbetriebs geprägt wird, was in der Regel eine engere räumliche und zeitliche Nähe zu dem organisierten Betrieb der Schule voraussetzt. Nicht versichert ist damit typischerweise die Erledigung von Hausaufgaben, da es an der räumlichen Nähe zum Schulbetrieb fehlt.

In unserem Ausgangsfall hat sich das Bundessozialgericht (BSG) näher mit dem Grenzbereich zwischen schulischem und privatem (bzw. elterlichem) Verantwortungsbereich auseinandergesetzt und Kriterien dafür entwickelt, unter welchen Voraussetzungen schulisch veranlasste Tätigkeiten auch außerhalb des regulären Schulbetriebs versichert sind: „Es handelt sich […] nicht mehr um eine unversicherte ‚Hausaufgabe', wenn Lehrpersonen aus organisatorischen (z. B. Schulbuchtausch) oder pädagogischen Gründen (z. B. Gruppen-, Team- oder Projektarbeit, Gemeinschaftsreferat, kooperativer Nachhilfeunterricht unter Schülern) eine Gruppe von Schülern für ein gemeinsames Tun zusammenstellen, das sich außerhalb der Schule selbstorganisiert vollzieht oder fortsetzt. Das gilt auch, wenn diese Gruppenarbeit gemeinsam im häuslichen Bereich eines Mitschülers verrichtet wird. Denn dieser Lernort ist mit Ausnahme des ‚gastgebenden' Mitschülers für alle anderen Gruppenmitglieder fremd, und die Gruppenarbeit ist für sie keine im privaten Verantwortungsbereich ihrer Eltern zu erledigende ‚Hausaufgabe'. Bei Gruppenprojektarbeiten besteht der erforderliche zeitlich-räumliche Schulbezug darin, dass die Schule aus der Menge aller Schüler (einer Klasse) eine Gruppe bildet und ihr bestimmte Aufgaben zuweist, die die Schüler als Teil dieser Gruppe ohne Aufsicht gemeinsam lösen sollen. Damit wird ‚Schule' gleichsam in die Gruppe transferiert, in der neben fachlichen zugleich auch methodische, soziale und affektive Kompetenzen (sog. ‚soft skills') untereinander vermittelt und eingeübt werden (sollen)."[64]

Was bedeutet das für Lehrkräfte? Um einen möglichst unstrittigen Versicherungsschutz für die Schülerinnen und Schüler sicherzustellen, sollten Lehrer die Organisation und Planung von außerunterrichtlichen Gruppenarbeiten so konkret wie möglich vorplanen. Dazu könnte z. B. zählen, dass die Teilnehmenden der jeweiligen Arbeitsgruppen vorher benannt, Rollenverteilungen konkretisiert sowie Arbeitszeiträume und -orte festgelegt werden. Je mehr von der Lehrkraft bzw. von der Schule im Vorfeld gesteuert wird, desto weniger spricht dafür, dass die außerunterrichtliche Tätigkeit im versicherungsrechtlich nicht geschützten Verantwortungsbereich der Eltern erfolgt.

2.2.8 Verspäteter Unterrichtsbeginn

PRAXIS BEISPIEL

Schulleiter A beschließt, dass der Unterricht der 8c am nächsten Tag erst zur dritten Stunde statt zur ersten Stunde beginnen soll, da der Krankenstand im Kollegium sehr hoch ist und eine Vertretung des Unterrichts nicht möglich erscheint. Der Unterrichtsausfall wird noch am selben Tag im Onlinevertretungsplan vermerkt. Die Eltern von Schüler S bringen ihren Sohn am nächsten Tag trotzdem zur ersten Stunde zur Schule, wobei nicht geklärt werden kann, ob sie von dem Unterrichtsausfall tatsächlich Kenntnis hatten. Schulleiter A verweist ihn des Gebäudes, da er keine Beaufsichtigung sicherstellen kann.

Hier gilt es, einen Interessenausgleich aufzulösen: Einerseits beginnt die Aufsichtspflicht nur eine angemessene Zeit vor dem Unterricht, andererseits müssen Eltern hinreichend Gelegenheit erhalten, sich auf die neue Situation einzustellen, was besonders im Fall einer Berufstätigkeit mit organisatorischem Aufwand verbunden sein kann. Es bietet sich an, zwischen vorhersehbarem und unvorhersehbarem Unterrichtsausfall zu unterscheiden: Wird der Unterrichtsbeginn wie in unserem Beispielsfall mit einem gewissen zeitlichen Vorlauf rechtzeitig verändert, so fällt es in die elterliche Mitwirkungspflicht, sich darauf einzustellen und die Aufsichtspflicht auf andere Art und Weise sicherzustellen. Bei nicht rechtzeitiger Mitteilung erst am eigentlichen Unterrichtstag (z. B.: werden die Eltern gegen 7 Uhr über die Telefonkette darüber informiert, dass der Unterricht erst zur dritten Stunde beginnt) liegt die Verantwortung bei der Schule, sodass ggf. eine Betreuung von Schülern einzurichten ist.[65]

2.2.9 Vorzeitiger Schulschluss

PRAXIS BEISPIEL An einer Grundschule fällt an einem eisigen Wintertag gegen 11 Uhr die Heizungsanlage aus. Der Schulleiter beschließt, alle Kinder nach Hause zu schicken; die Eltern und das Schulbusunternehmen informiert er darüber jedoch nicht. Auf dem Heimweg bei Temperaturen unter minus 15 Grad Celsius und bei Schneeverwehungen erleidet ein Erstklässler an verschiedenen Körperteilen Erfrierungen.

Nicht nur ein verspäteter Unterrichtsanfang gehört zum Schulalltag, sondern auch das vorzeitige Unterrichtsende aufgrund einer Erkrankung einer Lehrkraft o. Ä. In diesem Fall stellt sich die Frage, ob die Schüler bis zum Ende des regulären Unterrichts noch weiter beaufsichtigt werden müssen oder ob sie nach Hause entlassen werden dürfen. Anknüpfend an die obige Unterscheidung zwischen vorhersehbarem und nicht vorhersehbarem Unterrichtsausfall sind grundsätzlich die Eltern gehalten, bei *vorhersehbaren und rechtzeitig angekündigten Ausfällen* für Abhilfe zu sorgen. Bei *unvorhersehbaren Veränderungen* am unmittelbaren Unterrichtstag erscheint es sinnvoll, nach dem Alter der Schüler zu differenzieren, sofern durch das Landesrecht keine besonderen Regelungen getroffen wurden[66]: Grundschulkinder sollten grundsätzlich nur dann vorzeitig nach Hause entlassen werden, wenn die Eltern ausdrücklich zugestimmt haben. Dafür spricht die Überlegung, dass teilweise noch nicht alle Kinder allein den Schulweg zurücklegen können und insoweit einer Begleitung bedürfen. Auch kann nicht ohne Weiteres davon ausgegangen werden, dass die Kinder über einen Schlüssel für die elterliche Wohnung verfügen oder sich allein in der Wohnung aufhalten dürfen. Für ältere Kinder wird hier die Ansicht vertreten, dass Schüler der 5. Klasse entlassen werden dürfen und nicht bis zum Ende der laut Stundenplan letzten Unterrichtsstunde beaufsichtigt werden müssen, wenn sich die Eltern damit (zu Beginn des Schuljahres) nachweislich einverstanden erklären. Liegt ein solches Einverständnis nicht vor, dürfen Schüler frühestens ab der 7. Klasse vorzeitig nach Hause gehen.[67]

In dem *Beispielsfall* wurde der Schulleiter einer fahrlässigen Körperverletzung durch Unterlassen gem. § 230 StGB für schuldig gesprochen. Zwar lag seinerzeit kein ausdrückliches landesrechtliches Verbot vor, allerdings war eine Benachrichtigung der Angehörigen geboten. Aus der Sicht eines verständigen Aufsichtspflichtigen muss einfach damit gerechnet werden, dass der Heimweg aufgrund der Witterung besondere Gefahren für die Kinder birgt.[68]

2.3 Sportunterricht

Der Sportunterricht mit seinen ganz verschiedenen Bewegungsfeldern ist ein besonders gefahrenträchtiger Aufsichtsbereich, bei dem sich im Schulalltag viele kleinere und größere Verletzungen ereignen (vgl. dazu das Diagramm S. 54). Allein im Jahr 2017 verzeichnete die Gesetzliche Unfallversicherung 450 585 gemeldete Schulsportunfälle, das sind rund 37 % aller gemeldeten Schulunfälle (1 321 925).[69] Jeder zweite Schulsportunfall ereignete sich in den Ballsportarten (insbesondere beim Fuß- und Basketball). Mit weitem Abstand folgten Geräte- und Bodenturnen, das Spiel an Kinderspielplatzgeräten, Leichtathletik sowie Wintersport. Gerade bei der letztgenannten Sportart ist auffällig, dass sich dort insgesamt nur wenige Schülerunfälle ereignen (3 % aller Sportunfälle). Allerdings: Wenn es zu einem Unfall kommt, dann handelt es sich in der Regel auch um eine schwerwiegende Verletzung mit der Gewährung von Rentenzahlungen.

Für die unterrichtenden Lehrkräfte stellt der Sportunterricht insoweit eine enorme Herausforderung dar, müssen sie doch versuchen, die zahlreichen Gefahrenquellen bei den verschiedenen Sportarten vorausschauend zu erfassen und sie durch geeignete Maßnahmen nach Möglichkeit zu beseitigen.

Aufgrund des hohen Gefahrenpotentials haben nahezu alle Bundesländer Rechtsvorschriften erlassen, die den Sportunterricht in seinen verschiedenen Facetten näher regeln und den Lehrkräften Vorgaben machen, wie sie sich zu verhalten haben. Es ist unbedingt notwendig, sich mit diesen Vorschriften vertraut zu machen, da sie für die Lehrkräfte bindend sind. Die folgenden Ausführungen wollen die spezialgesetzlichen Landesvorschriften ergänzen und verdeutlichen, worauf die Lehrkräfte im Sportunterricht achten müssen. Von einigen Entscheidungen wurden bewusst längere Passagen ausgewählt,

um so die Erwägungen der Gerichte zur Gefährlichkeit einzelner Sportbereiche nachvollziehen zu können.

Meldepflichtige Schülerunfälle im Sportunterricht nach Sportarten (in Prozent)

Gymnastik	0,5 %
Sport mit Geräten mit kleinen Rädern	1,1 %
Wassersport	2,4 %
Wintersport	3,0 %
Laufspiel	5,3 %
Leichtathletik	6,8 %
Sonstiger Sport	7,2 %
Spiel an Spielplatzgeräten	8,3 %
Turnen (Boden und Geräte)	12,5 %
Ballspiel	52,9 %

Zahlen stammen aus: Deutsche Gesetzliche Unfallversicherung (DGUV) (Hrsg.) (2018): Statistik Schülerunfallgeschehen 2017, Berlin, S. 32

2.3.1 Schwimmunterricht

PRAXIS BEISPIEL Während des Schwimmunterrichts geht eine Schülerin im Wasser unter. Sie wird erst mit einer zeitlichen Verzögerung vom Bademeister geborgen und erleidet infolge einer tiefer Bewusstlosigkeit erhebliche Gesundheitsschäden.

Aufgrund der Gefahrträchtigkeit des Schulschwimmens haben alle Bundesländer Rechtsvorschriften erlassen, die diesen Sportbereich näher regeln. So wird z. B. vorgeschrieben, über welche Qualifikationen die Lehrkräfte verfügen müssen oder wie groß die zu beaufsichtigende Schülergruppe pro Lehrkraft sein darf.

Zunächst einmal ist hervorzuheben, dass die Aufsichtspflicht beim Schulschwimmen allein bei den unterrichtenden Lehrkräften liegt, der Bade- bzw. Schwimmmeister ist in der Zeit des Schulschwimmens nicht verpflichtet, die Schwimmschüler zu beobachten. Wohl aber besteht für ihn in dieser Zeit seine allgemeine Aufsichtspflicht fort, er muss also für den geregelten Ablauf in dem Schwimmbad sorgen. Selbst dann, wenn der Schwimmmeister ausdrücklich mit in den Unterricht einbezogen wird, verbleibt die Aufsichtspflicht bei den Lehrkräften.[70]

Die landesrechtlichen Schulrechtsvorschriften enthalten häufig Anweisungen darüber, wo sich die Lehrkräfte während des Schwimmunterrichts aufzuhalten haben. Immer wieder wird darauf hingewiesen, dass die Lehrer ihren Platz während des Unterrichts so wählen müssen, dass sie alle im Wasser befindlichen Schüler sehen können.[71] Die Lehrkräfte haben insoweit eine spezielle *Wasserbeobachtungspflicht.* Gegen diese Verpflichtung würde eine Lehrkraft auf jeden Fall dann verstoßen, wenn sie ihre Schwimmschüler im Becken ohne Aufsicht üben ließe.[72] Muss der Lehrer das Schwimmbecken kurzfristig verlassen, so hat er für diesen Zeitraum geeignete Schutzmaßnahmen zu treffen: Der Lehrer „darf sich jedenfalls nicht entfernen, wenn er für die Zeit seiner Abwesenheit keinerlei Vorkehrungen zum Schutz der im Wasser befindlichen Badegäste getroffen hat. Das gilt auch dann, wenn er die im Schwimmbecken befindlichen Gäste als gute Schwimmer kennt. Auch geübte und erfahrene Schwimmer sind vor Badeunfällen nicht geschützt."[73]

Darüber hinaus muss die Sportlehrkraft weitere Vorkehrungen treffen, um Gefahren *vor und nach dem eigentlichen Schwimmunterricht* zu minimieren. Darauf wird im Zusammenhang mit Schwimmbadbesuchen außerhalb des Sportunterrichts näher eingegangen (vgl. unter 2.6.7).

2.3.2 Ski- und Snowboardunterricht

Wie auch bei anderen Sportarten gilt es zunächst zu prüfen, ob die einzelnen Bundesländer spezielle Rechtsvorschriften zu diesem Aufsichtsbereich erlassen haben. So hat z. B. das Bayerische Staatsministerium für Unterricht und Kultus in seinen „Durchführungshinweisen zu Schülerfahrten" konkretisiert, welche Anforderungen bei Schulskikursen an eine ordnungsgemäße Aufsichtsführung zu stellen sind. Bestehen solche landesrechtlichen Spezialvorschriften nicht, muss auf die allgemeinen Grundsätze zur Aufsichtsführung im Skiunterricht zurückgegriffen werden:

Skifahrten bilden für Lehrkräfte besondere *Aufsichtsanlässe,* da sich während des Skifahrens zahlreiche Gefahren für die Schülerinnen und Schüler verwirklichen können. Zu denken ist z. B. an gefahrträchtige Hänge mit unterschiedlich steilen Abfahrtsbereichen und Hindernissen oder an andere (nichtschulische) Skifahrer, die sich ebenfalls auf den Pisten aufhalten. Vor diesem Hintergrund wird man von den Ski- bzw. Snowboardlehrkräften zunächst einmal unter dem Gesichtspunkt der präventiven Aufsichtsführung verlangen müssen, dass sie sich *vor Beginn des Ski- bzw. Snowboardunterrichts* über die Örtlichkeiten gründlich informieren und die Skischüler entsprechend über mögliche Gefahren belehren. Dazu können z. B. auch Erkundigungen darüber gehören, ob es in dem Skigebiet in der Vergangenheit wiederholt Unfälle an bestimmten Stellen gegeben hat, um diese sodann möglichst zu meiden.

PRAXIS BEISPIEL

Skilehrer L nimmt seine Schüler für die ersten Fahrversuche mit auf eine blaue Piste, die sich vor allem an Fahranfänger richtet. Nach einem kurzen Halt weist L seine Schüler an, weiterzufahren, obwohl sich von weiter oben andere Skifahrer nähern. An diesem Tag ist die Skipiste viel befahren. Der Anweisung des Skilehrers folgend, starten die Skischüler erneut, bis nach wenigen Metern ein von oben herannahender Skifahrer über die vorderen Skier von Schülerin S fährt. Sie kommt dabei zu Fall und erleidet einen komplizierten Bruch.

Bei der Auswahl der Skihügel, Hänge und Pisten ist stets auf die Grundfähigkeiten und -fertigkeiten der Schüler abzustellen und zu prüfen, ob sie jeweils den örtlichen Gegebenheiten gerecht werden. Für die ersten Skistunden hat das zur Konsequenz, dass bei *Fahranfängern* die ersten Fahrversuche stets abseits vom allgemeinen Sportbetrieb erfolgen müssen, sodass die Skischüler den drohenden Gefahren des allgemeinen Sportbetriebes nicht ausgesetzt sind. Gegen diesen Grundsatz hat der Skilehrer in unserem Beispielsfall verstoßen:

„Statt dessen hat der […] Skilehrer die Übungsstunde auf einer blauen Piste im allgemeinen Sportbetrieb und das auch noch an einem Tag, an dem die Piste viel befahren war, erteilt und die Klägerin sehr wohl den drohenden Gefahren des allgemeinen Sportbetriebes ausgesetzt. Er hat die Klägerin sogar angewiesen, anzufahren, obwohl sich von oben andere Skifahrer annäherten. Zumindest hatte er es unterlassen, dafür Sorge zu tragen, dass die Klägerin, welche er anzuleiten hatte, nicht entgegen FIS-Regel 5 anfährt, obwohl sich Skifahrer von oben annäherten. Mit diesem Verfahren hat er gegen die oben aufgezeichneten Verpflichtungen aus dem Unterrichtsverhältnis verstoßen.“[74]

PRAXIS BEISPIEL

Schülerin S fährt mit ihrer Klasse auf eine fünftägige Ski-Freizeit. Die Skiausrüstung wird von einem gewerblichen Verleiher entgeltlich zur Verfügung gestellt. Am Nachmittag des dritten Tages möchte S während ihrer sog. Freizeit die Dinge trainieren, die sie in den zwei Tagen zuvor sowie noch am Vormittag im Rahmen des Skiunterrichts gelernt hat. Als sie über eine Schanze fährt, löst sich die Bindung an ihrem linken Ski. Bei ihrem Sturz zieht sie sich u. a. einen Schien- und Wadenbeinbruch sowie einen Muskelriss am linken Unterschenkel zu. Der Schullehrer hatte sich rund 30 Minuten zuvor mit den meisten der Mitschüler für eine Mittagspause von dem Skihang entfernt, der Schülerin S jedoch die Weiterfahrt gestattet.

Während des eigentlichen Unterrichts muss nach Ansicht des LG Augsburg keine lückenlose Aufsicht mit durchgehendem Blick- und Sichtkontakt gewährleistet werden. Findet das Fahrtraining in einem für die Lehrkraft überschaubaren Areal statt, so reicht grundsätzlich die *Möglichkeit aus, die Schulkinder aus einer angemessenen Ferne zu beobachten* und mithin zu beaufsichtigen. Im obigen Ausgangsfall hat der Sportlehrer gegen diese Anforderung verstoßen: Indem er sich für rund 30 Minuten zum Mittagessen von dem Skihügel entfernte und die Schülerin allein üben ließ, war die Möglichkeit der Beobachtung nicht mehr gegeben. Dass das Gericht im Ergebnis gleichwohl keine Aufsichtspflichtverletzung des Lehrers befürwortete, wird an späterer Stelle thematisiert (vgl. unter 3.1.3).

Können die Skischüler bereits kontrolliert fahren, spricht nichts dagegen, dass sie auch außerhalb des regulären Unterrichts beim sog. „freien Fahren" zu Übungszwecken *kleinere Hindernisse* wie Hügel oder Schanzen überfahren: „Es ist aus Sicht des Gerichts kein Grund ersichtlich, warum man [...] Schüler, die [...] gut kontrolliert fahren konnten, nach dem 3. Skiunterrichtstag nicht auch über kleinere Gefahrenhügel fahren lassen sollte. Dies erst Recht, wenn die Schanzen, wie der Zeuge G. glaubhaft berichtete, im offiziellen Skiunterricht bereits befahren wurden. [...] Letztlich gehört ‚Hindernisse zu überfahren' gerade zu einer Ski-Ausbildung dazu, zumal die Gefahr aufgrund der flachen Neigung äußerst gering ist. Letztlich bleibt auch die Erkenntnis, dass Skifahren gewisse Gefahren mit sich bringt, die nicht hundertprozentig ausgeschlossen werden können."[75]

2.3.3 Sonstiger Sportunterricht

Im sonstigen Sportunterricht zeigt sich die schulische Aufsichtspflicht vor allem in zweierlei Weise: Zum einen sind die Lehrkräfte vorab verpflichtet, die Verkehrssicherheit der Sportstätte und der Sportgeräte sorgfältig zu überprüfen *(Prüf- bzw. Kontrollpflicht)*. Sollte eine Lehrkraft feststellen, dass von den Räumlichkeiten bzw. den Sportgeräten Gefahren ausgehen, muss sie darauf umgehend reagieren, wozu insbesondere auch die Benachrichtigung des verkehrssicherungspflichtigen Schulträgers zählt. Zum anderen sind die Sportlehrer verpflichtet, während des eigentlichen Sportunterrichts die Gefahren für die Schüler durch geeignete Maßnahmen wie *Hilfestellungen* u. a. weitgehend zu minimieren.

Hilfestellungen beim Turnen

> **PRAXIS BEISPIEL** Die Klasse 3a hat Sportunterricht bei Herrn K. Bei dem Versuch, über einen 1,20 m hohen Turnbock zu springen, stürzt Schüler B und erleidet einen Bruch des rechten Arms im Ellenbogenbereich, der trotz längerer Behandlung nicht wieder folgenlos verheilt. Die Eltern von B behaupten, dass der Lehrer mit dem Sprung über den 1,20 m hohen Turnbock eine Übung angeordnet habe, die für Alter, Körpergröße und turnerische Fähigkeiten der Schulklasse zu schwierig und zu gefährlich gewesen sei. Auch sei die Hilfestellung des Lehrers unzureichend gewesen, da er sich nur darauf beschränkt habe, denjenigen Schülern, die die geforderte Sprunghöhe nicht aus eigener Kraft zu bewältigen vermochten, über das Gerät hinwegzuhelfen. Er habe sich dagegen nicht so aufgestellt, dass er stürzende Kinder auffangen konnte.

Das OLG Düsseldorf musste der Frage nachgehen, welche Anforderungen an eine *Hilfestellung* beim Turnunterricht zu stellen sind. Zwar bezieht sich die Entscheidung speziell auf Sprünge über einen Turnbock, doch lassen sich die Ausführungen des Gerichts sinngemäß auch auf viele andere Bereiche des Turnunterrichts übertragen.

„Angesichts der Schwierigkeit der Übung und der damit verbundenen Gefährdung war K. zu erhöhter Aufmerksamkeit verpflichtet, um Unfälle zu verhüten. Er durfte sich nicht darauf beschränken, den Kindern, die beim Sprung rittlings auf dem Bock steckenblieben oder sonst nicht über das Gerät hinwegkamen, auf die andere Seite zu helfen. Er musste vielmehr ein besonderes Augenmerk darauf richten, dass denjenigen Kindern, die den Bock übersprungen hatten, beim Aufsprung oder beim Auslauf kein Unfall zustieß. Gerade die Schwierigkeit der Übung zwang die Kinder zu großer Kraftanstrengung beim Absprung. Die hierbei aufzuwendende Energie genau zu bemessen und den Bewegungsablauf zu kontrollieren, geht regelmäßig über die turnerischen Fähigkeiten achtjähriger Kinder hinaus. Es lag deshalb nicht nur auf der Hand, dass einzelne Kinder mit zu geringem Schwung absprangen und das Gerät nicht überwanden, sondern umgekehrt auch, dass einzelne Kinder kraftvoller als nötig absprangen und bei der Landung kopfüber stürzten oder taumelten. Um dieser naheliegenden Gefahr zu begegnen, hatte K. überhaupt keine Vorkehrungen getroffen, was sich daraus ergibt, dass nicht nur der K., sondern auch mehrere andere Kinder, wenn auch ohne schwerwiegende Folgen, auf diese Weise zu Fall kamen.“[76]

Hilfestellungen durch Schüler

PRAXIS BEISPIEL

> Die Sportlehrerin Frau H möchte mit ihren Schülern die Hockwende am Kasten einüben. Dazu baut sie zwei quer gestellte Kästen mit unterschiedlichen Höhen auf. Hilfestellung sollen zwei Mitschülerinnen geben, die an diesem Tag krankheitsbedingt nicht mitturnen können. Schülerin K turnt die Übung zunächst an dem niedrigeren Kasten. Bei dem Versuch, den größeren, 90 cm hohen und 53 cm breiten Kasten zu überspringen, bleibt sie mit dem Fuß an dem Kasten hängen, fällt vorn über und bricht sich den rechten Oberarm. Die Verletzung führt zu zwei Operationen und einer länger andauernden Funktionsminderung der rechten Hand. K ist der Meinung, dass die Sportlehrerin ihre Aufsichtspflicht verletzt habe, da die Hilfestellung der beiden Mitschülerinnen unzureichend gewesen sei.

Der BGH hatte zu prüfen, unter welchen Voraussetzungen *Hilfestellungen durch Mitschüler* erfolgen können. In der Diktion der 1950er-Jahre formuliert das Gericht:

„Die Hocke birgt die Gefahr des Sturzes in sich und die Gefahr war nach den vom Berufungsgericht festgestellten Umständen im Falle der […] [Schülerin K., d. V.] – für Frau H. sehr wohl erkennbar – erhöht. Dieser Gefahr hat die Lehrerin im Rahmen ihrer Aufgabe, die Schüler im Turnbetrieb vor gesundheitlichen Schäden zu bewahren, vorzubeugen. Wie der Senat wiederholt betont hat […], wird zwar gerade beim Turnunterricht eine gewisse Gefährdung der an der Übung teilnehmenden Schüler nicht ganz zu vermeiden sein, ist es aber andererseits Pflicht der Schule und ihrer Lehrkräfte, die Gefahr so niedrig wie den Umständen nach möglich und geboten zu halten und entsprechende Vorsichtsmaßnahmen zu ergreifen, um einer Gefährdung der Gesundheit ihrer Schützlinge tunlichst zu begegnen. […] Jedenfalls war es – und das musste sich auch die Turnlehrerin sagen – mit dem Sinn einer Sicherheitsstellung nicht mehr zu vereinen, dass für dieses Amt Schulmädchen bestimmt wurden, die hierzu […] nach ihrer körperlichen Verfassung wenig geeignet erschienen, und dass eine von ihnen unter den Augen der Lehrerin umhersah, statt sich zu einem u. U. in Bruchteilen von Sekunden nötig werdenden Eingreifen bereitzuhalten."[77] Frau H hätte also dafür sorgen müssen, dass nur geeignete Mitschüler die Hilfestellung geben.

> Die Sportlehrerin der Klasse 3f macht mit den Schülern Geräteturnen am Barren. Einige Kinder schickt sie zum Schwebebalken, um an ihm den Aufgang zu üben. Hilfestellung dazu gibt sie nicht, da sie weiß, dass diese Kinder privat Leistungsturnen machen. Beim Aufgang stürzt eine Schülerin und bricht sich den rechten Arm.

Das AG Bonn erklärt dazu: „Im Unfallzeitpunkt waren die Kinder 7 bis 8 Jahre alt. Angesichts dessen waren die Gefahren, denen sie beim Aufgang ausgesetzt waren, zu groß, als dass man sie im Training an einem so gefährlichen Gerät wie dem Schwebebalken alleine turnen lassen durfte. Kinder im Alter der Klägerin sind spontan und leicht ablenkbar, d. h. nicht so konzentrationsfähig wie ältere Kinder und Erwachsene. Hinzu kommt eine eingeschränkte Einsichtsfähigkeit, was Gefahren angeht. In einer Gruppe steigt die Gefahr von unvernünftigem Verhalten."[78]

Laufübungen

PRAXIS BEISPIEL Ein Sportkurs der Oberstufe trainiert Laufübungen. Die beiden Schüler T und U beschließen spontan, eine Distanz von 5 000 m zu laufen. Der Sportlehrer ist damit einverstanden. Als der Lauf zu Ende ist, bricht U zusammen. Im Krankenhaus stellt sich später heraus, dass eine Hirnschädigung vorlag, die von einer Gefäßsklerose herrührte und durch die mit dem Lauf verbundene Kreislaufbelastung ausgelöst wurde. T muss den Schulbesuch abbrechen und ist seitdem erwerbsunfähig.

Im Sportunterricht kommt es immer wieder vor, dass Schüler Übungen ausführen wollen, die von der Lehrkraft nicht vorgesehen sind. Dann stellt sich die Frage, unter welchen Umständen der Lehrer solche Übungen gestatten kann bzw. wann er sie unterbinden muss, um die Gesundheit der Kinder nicht zu gefährden. In dem Beispielsfall thematisiert das OLG Düsseldorf für den Bereich der *Leichtathletik,* wann ein besonderer Aufsichtsanlass vorliegen kann, der es dem Sportlehrer möglicherweise zur Pflicht macht, die beabsichtigte Übung zu unterbinden:

„Der Turnunterricht dient der körperlichen Ertüchtigung der dem Lehrer anvertrauten Schüler. Diesem Zweck entspricht es, dass die Schüler in der Turnhalle oder auf dem Sportplatz auch Übungen ausführen, die vor allem geeignet sind, die organische Belastungsfähigkeit zu erproben und ständig zu steigern. Solche Übungen, zu denen die Langstreckenläufe gehören, sind meist mit besonderen Anstrengungen verbunden. Bei einer Überlastung der Organe können sie das Gegenteil einer Ertüchtigung bewirken und zu konkreten gesundheitlichen Schäden führen. Daher ist es Pflicht des Turnlehrers, dafür zu sorgen, dass die Schüler vor derartigen Nachteilen bewahrt bleiben. Um dieser Verantwortung genügen zu können, muss der Lehrer die mit einer anstrengenden Übung verbundene Belastung kennen und danach jeweils prüfen, ob den Schülern die Übung gefahrlos zugemutet werden kann. Dies gilt grundsätzlich auch dann, wenn einzelne Schüler eine Übung nicht auf Verlangen des Lehrers, sondern aus eigenem Antrieb während des Unterrichts ausführen; denn der Turnlehrer ist für die Sicherheit aller ihm anvertrauten Schüler verantwortlich. Indes ist zu berücksichtigen, dass es Übungen – wie z. B. Langstreckenläufe – gibt, für deren Bewältigung oft nicht die körperliche Kondition, sondern erst der Leistungswille den Ausschlag gibt. Schüler können willensmäßig sehr verschieden veranlagt sein und aus diesem Grunde unterschiedliche Leistungen aufweisen. Zu den Aufgaben des Turnunterrichts gehört es aber, die Bereitschaft zu gesteigerter sportlicher Betätigung zu wecken und gesundes Leistungsstreben zu fördern. Wenn ein Schüler daher von sich aus eine mit besonderen Anstrengungen verbundene Übung unternimmt, ist der Lehrer nur dann verpflichtet, diese an sich begrüßenswerte Betätigung zu unterbinden, wenn Anhaltspunkte dafür vorliegen, dass der Schüler seine eigene Belastungsfähigkeit nicht richtig zu beurteilen vermag und sich eine Leistung zutraut, der er nach seiner körperlichen Verfassung und dem Stand der Ausbildung voraussichtlich nicht gewachsen sein wird. [...]

Die körperliche Verfassung, die [...] [der Schüler, d. V.] vor und während des Laufs bot, machte ebenfalls ein Eingreifen [...] nicht erforderlich. Ebenso wie der Zeuge T. hätte auch [...] [der Schüler U, d. V.] den Dauerlauf voraussichtlich ohne Schaden überstanden, wenn er nicht an einer bis dahin unerkannten Gefäßsklerose in einem Teil des Gehirns gelitten hätte. Dieser ungewöhnliche Befund war für den [...] [Lehrer, d. V.] nicht erkennbar und brauchte auch bei einem Schüler im Alter des Kl. nicht in Rechnung gestellt zu werden. Im Übrigen war der [...] [Schüler, d. V.] gesund und normal entwickelt. Sein Körperbau war nicht akzeleriert oder dicklich. Wenn er – wie er behauptet – durch sein Wachstum mit Herzbeschwerden zu tun gehabt hatte und deshalb zeitweise vom Turnunterricht befreit gewesen war, ergaben sich daraus für die Beurteilung seiner Kondition [...] keine durchgreifenden Bedenken, da diese Vorgänge längere Zeit zurücklagen. Er hatte inzwischen regelmäßig am Turnunterricht teilgenommen und dem [...] [Lehrer, d. V.] gegenüber nie irgendwelche Beschwerden vorgebracht, so dass [...] Anhaltspunkte für eine verminderte Leistungsfähigkeit nicht ersichtlich waren. Es lag auch kein Grund vor zu der Befürchtung, [...] [die Schüler, d. V.] könnten ihre Kräfte überschätzen oder die Grenzen ihrer Leistungsfähigkeit aus übertriebenem Ehrgeiz missachten. Ihr Verhalten beim Lauf ließ nicht auf eine übermäßige Kraftanstrengung schließen, da sie ein langsames Tempo einhielten und keine Zeichen von Ermüdung zeigten.“[79]

2.3.4 Befreiung vom Schwimm- und sonstigen Unterricht aus religiösen Gründen

PRAXIS BEISPIEL S ist Muslima. Ihre Eltern beantragen im Namen der gesamten Familie, dass sie im nächsten Schuljahr nicht an dem geschlechtergemischten Schwimmunterricht teilnehmen soll. Zwar sei sportliche Betätigung jeder Art im Islam erlaubt und erwünscht. Die islamischen Bekleidungsvorschriften erlaubten jedoch nicht, dass Mädchen und Jungen gemeinsam am Schwimmunterricht teilnähmen.

Eltern machen gegenüber der Schule immer wieder geltend, dass ihr Kind aus religiösen Gründen vom Unterricht befreit werden müsse.[80] Typische Beispiele dafür sind

- Anträge auf Befreiung vom geschlechtergemischten (koedukativen) Schwimm- und Sportunterricht,
- Befreiung von den Unterrichtsinhalten Sexualerziehung oder Evolutionstheorie sowie
- die Befreiung von Klassen- und Studienfahrten, Karnevalfeierlichkeiten und Zirkusprojekten.

Die Rechtsprechung hält solche Anträge nur in wenigen Fällen für begründet. Sie geht zunächst einmal davon aus, dass gewisse Beeinträchtigungen des elterlichen Erziehungsrechts (und damit auch des Rechts zur Erziehung in religiösen und weltanschaulichen Fragen) typische Begleiterscheinungen des staatlichen Bildungs- und Erziehungsauftrags sind und von den Eltern grundsätzlich hingenommen werden müssen. Etwas anderes könne erst dann gelten, wenn die Beeinträchtigung eine besonders gravierende Intensität aufweist. Das sei nur dann der Fall, wenn das religiöse Verhaltensgebot aus Sicht der Eltern bzw. des Kindes einen imperativen Charakter darstellt und die Befolgung des Gebotes zu einer glaubensbedingten Gewissensnot führt.

Vor diesem Hintergrund lehnte z. B. das BVerwG in der sog. „Burkini"-Entscheidung den Antrag einer muslimischem Schülerin auf Befreiung vom koedukativen Schwimmunterricht richtigerweise ab: Zum einen gäbe es mit dem Burkini grundsätzlich einen Schwimmanzug, durch den die weiblichen Körperkonturen nicht übermäßig betont würden. Zum anderen führte das Gericht aus, dass das Grundrecht der Glaubensfreiheit grundsätzlich keinen Anspruch darauf vermittle, im Rahmen der Schule nicht mit Verhaltensgewohnheiten Dritter konfrontiert zu werden, die außerhalb der Schule an vielen Orten bzw. zu bestimmten Jahreszeiten im Alltag verbreitet seien: Die Schulpflicht stehe nicht unter dem Vorbehalt, „dass die Unterrichtsgestaltung die gesellschaftliche Realität in solchen Abschnitten ausblendet, die im Lichte individueller religiöser Vorstellungen als anstößig empfunden werden mögen."[81]

Etwas anderes gilt lediglich für das Fach Religion, denn hier wurde durch das Grundgesetz selbst festgeschrieben, dass die Eltern über die Teilnahme entscheiden dürfen (vgl. Art. 7 Abs. 2 GG).

Prüfungsschritte für eine Unterrichtsbefreiung aus religiösen Gründen:
1. Der Glaubens- oder Gewissenskonflikt lässt sich dem Antrag objektiv nachvollziehbar entnehmen.
2. Es ist für den konkreten Fall keine Kompromisslösung („win/win-Lösung") zwischen Schule und Elternhaus umsetzbar.
3. Die dargelegte Beeinträchtigung ist von besonders gravierender Intensität, d. h.: Im Falle einer Versagung der Genehmigung versetzt das religiöse Verhaltensgebot den Betroffenen in eine Gewissensnot von gravierendem Ausmaß.

2.4 Pausen

Die Pausenzeiten stellen immer einen besonderen Aufsichtsanlass dar. Gerade den jüngeren Kindern bieten die Pausen die Gelegenheit, sich nach längeren Phasen der Konzentration ihrem kindlichen Spieltrieb hinzugeben und sich mit ihren Klassenkameraden auszutoben. Dass es dabei zu kleineren und größeren Verletzungen auf Seiten der Schüler kommen kann, muss wohl nicht näher erläutert werden. Ebenfalls ist zu bedenken, dass die Kinder in den Pausenzeiten schulfremden Personen einen Schaden zufügen können, indem sie z. B. Steine oder andere Gegenstände vom Schulgrundstück auf parkende oder vorbeifahrende Fahrzeuge werfen. Vor diesem Hintergrund besteht gleich mehrfacher Handlungsbedarf:

- Die *Schulleitung* muss sicherstellen, dass unter Beachtung der personellen und räumlichen Gegebenheiten ein angemessener Pausenaufsichtsplan vorliegt, der von den Lehrkräften auch umgesetzt wird.
- Die *Lehrkräfte* wiederum stehen bei der Wahrnehmung ihrer Pausenaufsicht vor der großen Herausforderung, potenzielle Gefahrensituationen zu antizipieren und entsprechende Aufsichtsmaßnahmen (Belehrungen, Aussprechen von Verboten inkl. ihrer Kontrolle, Gefahrvereitelung) zu ergreifen.
- Aus der Sicht des zuständigen *Schulträgers,* der für das Schulgrundstück und das Schulgebäude verkehrssicherungspflichtig ist, gilt es schließlich zu prüfen, ob sich die Kinder während des Spielens an Gegenständen verletzen könnten.

Der folgende Abschnitt beschränkt sich darauf, die Pausenaufsichtsführung der Lehrkräfte zu thematisieren, auf die Pflichten der Schulleitung und des Schulträgers wurde bereits an anderer Stelle eingegangen.

2.4.1 Fluraufsicht

PRAXIS BEISPIEL Nach der Werkstunde suchen zwei Schüler (12 und 14 Jahre) den Waschraum auf, um dort ihre Hände zu reinigen. Anschließend wollen sie die Pause auf dem Schulhof verbringen. Als sie sich in dem Waschraum aufhalten, wirft einer der beiden einen Tuschkastenpinsel in die Richtung des anderen, wodurch dieser schwer am Auge verletzt wird. Die Eltern des Opfers verlangen Schadenersatz, da sowohl dem Werklehrer als auch der zur Fluraufsicht eingeteilten Lehrkraft entgangen sei, dass die beiden Kinder das Schulgebäude zu Pausenbeginn nicht verlassen hätten.

In vielen Schulen findet sich die Regelung, dass die Kinder die längeren („großen") Pausen auf dem Schulhof verbringen müssen. Das ist vor allem eine Konsequenz aus der sorgfältigen Einschätzung der verschiedenen Gefahren, die sich realisieren können, wenn vor allem jüngere Schüler in der Pause im Gebäude verbleiben dürfen. Zu denken ist hier z. B. an das hohe Verletzungsrisiko beim Toben, Spielen und Rennen auf Fluren und in Räumen (z. B. Prallen gegen Wände und Türen, Stürze auf Treppen). Auch bieten viele Gebäude aufgrund ihrer baulichen Gegebenheiten aus der Sicht der Schüler zahlreiche „attraktive" Gelegenheiten, sich vor den aufsichtführenden Lehrkräften zu verstecken. Möchte man den Kindern vor diesem Hintergrund gleichwohl erlauben, dass sie die großen Pausen auch innerhalb des Schulgebäudes verbringen können, ist gewiss eine sehr engmaschige und damit natürlich auch personalintensive Aufsichtsführung notwendig, um die genannten Gefahren nach Möglichkeit zu minimieren.

Aus diesem Grunde sehen vor allem die Schulordnungen der Primarstufe sowie der Sekundarstufe I vor, dass die Kinder am Ende des Unterrichts das Gebäude zu verlassen haben. In diesem Fall muss zum einen der jeweilige Fachlehrer am Ende seines Unterrichts darauf achten, dass die Schüler den Schulhof aufsuchen. Zum anderen muss aber auch die *Fluraufsicht* prüfen, dass sich keine Kinder (mehr) im Gebäude aufhalten.

Die praktische Umsetzung dieser Pflichten gestaltet sich im Schulalltag häufig schwierig: So suchen viele Kinder zunächst noch die Toilettenräume auf, bevor sie auf den Schulhof gehen. Andere Schüler müssen während der Pause, die teilweise bis zu 30 Minuten beträgt, auf die Toilette und erhalten deshalb von der Hofaufsicht die Erlaubnis, das Gebäude wieder zu betreten.

Mit diesen Erwägungen lehnte das OLG Bremen in dem *Beispielsfall* sowohl eine Aufsichtspflichtverletzung des Werklehrers als auch der Fluraufsicht ab. Den Werklehrer träfe keine Schuld, da „es einem Lehrer allein nicht möglich [sei, d. V.], gleichzeitig alle Schüler zu beobachten, während sie den Werkraum verlassen und zum Teil unmittelbar dem Ausgang zum Hof zu streben, zum anderen Teil aber zuerst die Toilette im Erdgeschoß aufsuchen, sich unterschiedlich lange darin aufhalten und dann auf den Hof hinauslaufen."[82]

Anhaltspunkte, dass es zwischen den beiden Schülern eine Streitigkeit gab, auf die der Werklehrer hätte aufmerksam werden müssen, konnten nicht ermittelt werden. Aber auch die Fluraufsicht habe ihre Sorgfaltspflicht nicht verletzt, da die Möglichkeit besteht, dass sich die Schüler mit Erlaubnis einer anderen Lehrkraft und damit rechtmäßig in dem Waschraum aufgehalten haben: „Wenn auch [...] die Schüler angehalten werden, die Toilette aufzusuchen, bevor sie auf den Hof hinausgehen, und dann während der Pause das Gebäude nicht mehr zu betreten, so kann damit doch nicht ausgeschlossen werden, dass einzelnen Schülern auch während der Pause das Aufsuchen der Toilette gestattet wird. Dazu mussten sie das Gebäude betreten, da sich auf dem Hof keine Toiletten befinden. Einen 10-jährigen bis 14-jährigen Schüler in solchem Falle von einem Lehrer der Hofaufsicht begleiten oder von einem Lehrer der Fluraufsicht beobachten zu lassen, wäre unzumutbar und mit der Aufgabe der Schule, die Schüler zur Selbständigkeit und Eigenverantwortlichkeit zu erziehen [...], nicht vereinbar."[83]

2.4.2 Schulhofaufsicht

Zunächst einmal lässt sich auch für die Aufsichtsführung auf dem Schulhof der Grundsatz formulieren, dass die Schüler in dieser Zeit nicht „auf Schritt und Tritt" kontrolliert werden müssen. Erforderlich ist insoweit, dass die Lehrkraft „hin und her" geht, damit sie den Schulhof einsehen kann. Wenn sie stichprobenhaft kontrolliert, „wer wo ist", genügt sie ihrer Aufsichtspflicht.[84]

Eine intensivere Aufsichtsführung ist auch in diesen Fällen immer erst dann erforderlich, wenn aus der Sicht eines verständigen und umsichtigen Aufsichtspflichtigen Anhaltspunkte dafür vorliegen, dass ein Personen- oder Sachschaden eintreten wird. In diesem Fall wandelt sich die allgemeine Aufsichtspflicht der Lehrkraft in eine ganz konkrete Handlungspflicht, nämlich alles zu tun, was erforderlich ist, um den Schadenseintritt abzuwenden.

Anzahl der notwendigen Aufsichtspersonen

Die Anzahl der notwendigen Lehrkräfte ist abhängig von den konkreten Umständen an der Schule, wozu insbesondere die Größe und Übersichtlichkeit des Schulgeländes, die Zahl der Schüler und deren Alter, naheliegende Gefahrenquellen sowie Kenntnisse über frühere Vorfälle zählen, die Anlass zu besonderen Vorsichtsmaßnahmen geben. Auf Einzelheiten wurde an anderer Stelle bereits näher eingegangen (vgl. 2.2.1).

Steinwürfe

PRAXIS BEISPIEL Frau F stellt ihren Fiat Punto auf einem Parkplatz ab, der unmittelbar an das Grundstück einer Grundschule grenzt. In der Pause werfen zwei Schüler Steine in Richtung des Parkplatzes und beschädigen dabei das Fahrzeug. Frau F verlangt Schadensersatz, da die aufsichtführende Lehrkraft nicht aufgepasst habe.

Es gibt zahlreiche Gerichtentscheidungen, die sich mit dem *Werfen von Steinen und anderen Gegenständen* vom Schulgrundstück beschäftigen.[85] Dann ist immer zu prüfen, ob die aufsichtführende Lehrkraft mit diesem Schülerverhalten rechnen musste und deshalb zum Einschreiten verpflichtet war.

Zu Recht erklären die Gerichte immer wieder, dass selbst bei Kindern im Grundschulalter im Regelfall nicht mit einem solchen Verhalten gerechnet werden muss. So formuliert in dem *Beispielsfall* das OLG Hamm: „Bei Kindern im grundschulfähigen Alter von 6–10 Jahren darf […] unterstellt werden, dass ihnen die Gefahr der Entstehung von Schäden an Personen oder Sachen bei Steinwürfen bereits bewusst ist. Diese Erkenntnis wird Kindern erfahrungsgemäß noch weit vor Erreichen des Schulalters von den Erziehungsberechtigten immer wieder eingeschärft und mit einem Verbot derartiger Verhaltensweisen verbunden. Darauf, dass eine derartige Erziehung im Elternhaus erfolgt ist, darf sich das Lehrpersonal grundsätzlich verlassen.“[86]

Das Gericht prüfte weiter, ob nicht ausnahmsweise eine intensivere Beaufsichtigung der Schüler notwendig gewesen wäre: „Dass hingegen die Lehrerin […] irgendwelche Anhaltspunkte dafür haben musste, dass den beiden Kindern […] das Verbot des Steinewerfens nicht bekannt war oder sie nicht bereit sein würden, dieses Verbot zu beachten, ist nicht ersichtlich. Vielmehr hat die Zeugin […] – angesichts des Vorfallsdatums im Juni plausibel – ausgeführt, dass beide Kinder seit etwa einem Jahr die Schule besuchten und bisher nicht durch derartige Verbotsübertretungen aufgefallen waren. Allein der Umstand, dass es sich bei den Kindern nach den Ausführungen des Dipl.-Psychologen [...] in seinem Gutachten vom [...] um Kinder mit gewissen Entwicklungs- und Reifedefiziten handelte, weshalb diese noch zur Erlangung der Schulreife gefördert werden mussten, musste der Zeugin N keinen Anlass zu einer intensiveren Beaufsichtigung beider Kinder bieten. Dies folgt schon aus der weiteren Feststellung des Sachverständigen, dass sich beide Kinder grundsätzlich durchaus bewusst waren, dass die Beschädigung einer Sache durch Steinwürfe verboten ist. Im Übrigen fehlt aber auch hier der Anhaltspunkt dafür, dass gerade aufgrund der vorhandenen Entwicklungsrückstände beider Kinder mit einem derartigen Verhalten hätte gerechnet werden müssen. Schließlich begründet es keine Pflichtverletzung der Zeugin N, dass sie ihren von ihr zunächst geschilderten Versuch, die beiden von ihr bemerkten Kinder aus dem auf dem Schulgelände befindlichen Gebüsch herauszuholen, abbrach, weil sie sich einem Streit anderer Kinder im Bereich der Schaukel zuwandte. Aus dem Aufenthalt der beiden Kinder im Gebüsch und dem nicht sofortigen Befolgen ihrer Aufforderung musste sie nicht schließen, dass die Kinder in der nächsten Zeit zu Steinwürfen über die Begrenzung des Schulgeländes hinaus übergehen würden."[87]

Doch es gibt noch einen weiteren Grund, weshalb bei Schäden durch Steinwürfe o. Ä. Schadensersatzansprüche schulfremder Personen in der Regel ausgeschlossen sind: „Ergänzend ist darauf hinzuweisen, dass zudem auch jeder Anhaltspunkt für die Annahme fehlt, dass durch eine intensivere Beaufsichtigung der beiden Kinder der eingetretene Schadensfall vermieden worden wäre. Bei dem Aufnehmen und Werfen von Steinen handelt es sich um ein Augenblicksgeschehen. Selbst wenn schon das Aufnehmen des Steines vom Aufsichtspersonal bemerkt worden wäre, ist nicht mit einer [...] ausreichenden Gewissheit davon auszugehen, dass diese rechtzeitig darauf hätte reagieren und die Kinder vom Wurf abhalten können bzw. die Kinder einer etwaigen gegebenen Anweisung, den Wurf zu unterlassen, gefolgt wären."[88]

Insoweit fehlt es also an dem erforderlichen *Ursachenzusammenhang* zwischen der Aufsichtshandlung einerseits und dem eingetretenen Schaden andererseits. Auf dieses Thema wird im dritten Kapitel des Buches unter 3.1.3 ausführlich eingegangen.

Spielen mit gefahrträchtigen Gegenständen

PRAXIS BEISPIEL

Ein neunjähriger Schüler schießt während der Pause auf dem Schulhof ein 6 cm langes Plastikflugzeug mit 7 cm Flügelspannweite mit einem Gummi aus der Hand ab. Die aufsichtführende Lehrerin sieht, wie das Flugzeug langsam zur Erde schwebt. Sie verbietet dem Schüler, den sie kennt und als folgsam einschätzt, das Weiterspielen mit den Worten: „Steck das weg!“ Sie begibt sich dann wegen des bevorstehenden Pausenendes zum Eingang des Schulgebäudes, um zu verhindern, dass an den Eingangstüren ein gefährliches Gedränge entsteht. Der Schüler schießt das Flugzeug noch einmal ab und verletzt einen Mitschüler schwer am linken Auge.

Das KG Berlin hatte im vorliegenden Fall eine Aufsichtspflichtverletzung verneint. Angesichts dessen, dass der Schüler das Flugzeug zunächst bestimmungsgemäß benutzt hatte und er der Lehrerin als folgsam bekannt war, hatte sie keine Hinweise darauf, dass der Schüler das Flugzeug entgegen der Weisung nicht nur in bestimmungsgemäßer Weise, sondern in gefährlicher Weise benutzen wird. Die Lehrerin konnte also darauf vertrauen, dass der Schüler aufgrund der Belehrung sein Verhalten ändert.[89]

Spiele

Schüler B genießt auf dem Schulhof in Ruhe sein Pausenbrot. Plötzlich wird er von einem vorbeilaufenden Mitschüler derart stark angerempelt, dass er rückwärts auf den linken Arm stürzt. Dabei wird das Ellenbogengelenk zertrümmert. Die Eltern von B sind der Auffassung, dass die vier aufsichtführenden Lehrkräfte hätten einschreiten müssen, da der vorbeilaufende Schüler Teil eines „wüsten Nachlaufspiels“ gewesen sei, welches hätte unterbunden werden müssen.

Wann immer auch Kinder in den Pausen spielen, muss die aufsichtführende Lehrkraft entscheiden, ob es dabei zu Schäden kommen kann. Das fällt bei einigen Spielen leichter, wie z. B. bei Reiterkämpfen oder beim sog. „Zureiten“, bei dem der Kopf eines Schülers in den Schwitzkasten genommen wird, während sich Mitschüler auf dessen Rücken setzen. Bei anderen Spielen hingegen ist zwar die Lautstärke groß, nicht aber das Gefahrenpotential.

In dem *Beispielsfall* verneinte der BGH eine Aufsichtspflichtverletzung. Die Eltern konnten nicht nachweisen, dass das Spiel der Kinder von einer solchen Gefährlichkeit gewesen ist, dass es durch die Aufsichtsperson hätte unterbunden werden müssen. Nach der neuen Rechtsprechung des BGH[90] muss im Falle einer möglichen schulischen Aufsichtspflichtverletzung die Schule nachweisen, dass sie ihrer Aufsichtspflicht genügt hat, sodass die Entscheidung heute möglicherweise anders ausgefallen wäre.

2.4.3 Verlassen des Schulgrundstücks

PRAXIS BEISPIEL

> Die Brüder A (7. Klasse) und B (10. Klasse) besuchen dieselbe Schule. In den Pausen ist es üblich, dass B gemeinsam mit seinen Klassenkameraden das Schulgrundstück verlässt, um sich beim Bäcker um die Ecke mit Proviant für die nächsten Stunden zu versorgen. Als eines Tages auch A dorthin gehen will, wird er von dem aufsichtführenden Lehrer daran gehindert. Im Gegensatz zu ihm sei sein Bruder schon 16, weshalb nichts gegen das Verlassen des Grundstücks spräche.

Es gehört zum Schulalltag, dass Schüler in den Pausen das Schulgrundstück verlassen, um z.B. in einem nahegelegenen Supermarkt einzukaufen. Erleidet das Kind in dieser Zeit einen Unfall oder fügt es einem Dritten einen Schaden zu, dann stellt sich die Frage, ob die Lehrkräfte ihre Aufsichtspflicht verletzt haben. Nach der Rechtsprechung dürfen nur ältere Kinder – auch ohne eine ausdrückliche Erlaubnis der Eltern – das Schulgrundstück verlassen, wobei als *Altersgrenze ca. 16 Jahre bzw. die 10. Jahrgangsstufe* genannt wird. Bei Schülern in diesem Alter kann regelmäßig davon ausgegangen werden, dass sie in dieser Zeit weder sich noch andere durch unverständiges oder unberechenbares Verhalten gefährden. Jüngeren Schülern ist es grundsätzlich nicht gestattet, das Schulgelände zu verlassen, es sei denn, die Eltern haben dem zugestimmt.[91]

Diese Erwägungen lassen sich mit den obigen Ausführungen zum sog. *Aufsichtsanlass* gut begründen: Der öffentliche Raum, der mit dem Verlassen des Schulgrundstücks betreten wird, bietet zahlreiche Gefahrenstellen. Zu denken ist hier z.B. an viel befahrene Straßen oder den Verkehr von Bussen und Straßenbahnen. Bei jüngeren Kindern muss damit gerechnet werden, dass sie diesen Gefahrenstellen noch nicht hinreichend selbstständig begegnen können und ihnen insoweit ein Schaden droht (Aufsichtsanlass). Aus der Sicht eines verständigen und vernünftigen Aufsichtspflichtigen erscheint es deshalb notwendig, den jüngeren Kindern das Verlassen des Schulgrundstücks zu verbieten und dieses auch hinreichend zu kontrollieren (Aufsichtshandlung). Auch das Schulgrundstück selbst muss so geschaffen bzw. gesichert sein, dass die Kinder nicht ohne Weiteres weggehen können. Die genannte Altersgrenze von rund 16 Jahren erscheint dabei gut vertretbar.

Die *Schulgesetzgeber* verschiedener Bundesländer haben diese Rechtsprechung aufgenommen. So heißt es z.B. in § 62 Abs. 1 S. 2 NSchulG: „Die Aufsicht erstreckt sich auch darauf, dass die Schülerinnen und Schüler des Primarbereichs und des Sekundarbereichs I das Schulgrundstück nicht unbefugt verlassen." Zum Teil wird den Erziehungsberechtigten die

Möglichkeit eingeräumt, sich mit dem Verlassen des Schulgrundstücks einverstanden zu erklären.[92] Dass die Aufsichtspflicht für diesen Zeitraum entfällt, muss wohl nicht weiter hervorgehoben werden.

Was bedeutet das nun für den Schulalltag? Sofern in den Schulordnungen nicht ausdrücklich bestimmt wird, dass Schüler der Grundschule und der Sekundarstufe I das Grundstück in den Pausen und Freistunden nicht ohne Erlaubnis der Eltern verlassen dürfen, ist der *Schulleiter* gehalten, eine entsprechende Anordnung zu treffen. Der *Schulträger*, den die Verkehrssicherungspflicht für das Grundstück trifft, muss sicherstellen, dass die Gestaltung des Grundstücks hinreichend davor schützt, dass die Kinder in den Pausen das Gelände ohne Weiteres verlassen können. Die in den Pausen aufsichtspflichtigen *Lehrkräfte* sind verpflichtet, die Kinder evtl. erneut auf das Verbot hinzuweisen und dessen Einhaltung auch zu kontrollieren.

Kommt es nun doch außerhalb des Schulgrundstücks zu einem Schaden, dann wird man im Regelfall eine Aufsichtspflichtverletzung aus *Zumutbarkeitserwägungen* ablehnen müssen: Lehrkräfte, die in den Pausen Aufsichten führen, sind nicht in der Lage, jeden Schüler ständig im Blick zu haben – was nach der Rechtsprechung ja auch gar nicht notwendig ist.[93] Die Lehrkräfte dürfen grundsätzlich darauf vertrauen, dass die Kinder das Verbot zum Verlassen des Grundstücks befolgen, weshalb auch hier nur stichprobenartige Kontrollen notwendig sind. Etwas anderes wird man nur dann annehmen können, wenn es sich um ein verhaltensauffälliges Kind handelt und die Schule davon auch Kenntnis hat. Dann kann ausnahmsweise eine intensivere Beaufsichtigung erforderlich sein.

2.5 Lernen an anderen Orten

2.5.1 Unterrichtsgänge

PRAXIS BEISPIEL

Zwei Lehrkräfte unternehmen mit 25 Schülern der Klassenstufen 3, 4 und 5 einen biologischen Unterrichtsgang. Die Gruppe pausiert auf einem mit Bänken ausgestatteten Parkplatz auf der Rückseite eines Supermarktes, um dort etwas zu essen. Die Schüler erhalten die Erlaubnis, eine nahe gelegene öffentliche Toilette aufzusuchen. Ansonsten sollen sie sich nur im Bereich der Bänke aufhalten. Gleichwohl entfernt sich ein 12-jähriger Schüler mit einigen anderen von der Gruppe und beschädigt auf dem Parkplatz vor dem Supermarkt mit einem Einkaufswagen ein parkendes Auto. Als die Lehrerinnen das Fehlen bemerken, gehen sie nachsehen.

Unterrichtsgänge begründen immer einen *besonderen Aufsichtsanlass*, da sich dabei sehr verschiedene Gefahren realisieren können. Zu denken ist zum Beispiel an Gefahren, die aus der Teilnahme am allgemeinen Straßenverkehr resultieren (z. B. Überqueren verkehrsreicher Straßen, Nutzung von Fuß- und Fahrradwegen, Passieren von Grundstückszufahrten, Ein- und Aussteigen bei Bussen und Bahnen). Doch auch außerhalb des Straßenverkehrs können gefahrträchtige Situationen entstehen, z. B. bei Wanderungen in Waldgebieten (Werfen und Schlagen mit Stöcken und anderen Gegenständen) oder im Bereich von Seen und anderen Gewässern. Insoweit wird man von einer vernünftigen, besonnenen und vorsichtigen Aufsichtsperson verlangen müssen, dass sie sich im Rahmen ihrer *Planungen* über viele mögliche Gefahren Gedanken macht und dann versucht, deren Eintritt zu vermeiden.

In dem *Beispielsfall* musste das LG Itzehoe der Frage nachgehen, ob die von den Lehrkräften ausgesprochene Weisung, den Parkplatz nicht zu verlassen, ausreichend war. Da es keine konkreten Anhaltspunkte dafür gab, dass die Schüler das Verbot missachten würden, wurde eine Aufsichtspflichtverletzung durch die Lehrkräfte abgelehnt. Es wird gefordert, dass sich die Lehrkraft bei *Wanderungen* nicht ständig nur in einem bestimmten Teil der Wandergruppe aufhalten darf, sondern dass sie wiederholt ihre Position wechseln muss.[94] Darauf soll hier jedoch nicht weiter eingegangen werden, da es vermutlich ohnehin die Regel bei einer Wanderung ist.

2.5.2 Beendigung des Unterrichts an anderen Orten

Die 6c besucht in den letzten beiden Stunden den städtischen Zoo. Als der Besuch zu Ende ist, erklärt der Lehrer den Unterricht vor dem Ausgang des Zoos für beendet. Die Schüler treten anschließend allein den Heimweg an.

Wenn Unterricht an einem *außerschulischen Veranstaltungsort* stattfindet, stellt sich die Frage, ob der Lehrer den Unterricht dort beenden kann oder ob er zusammen mit seinen Schülern zur Schule zurückkehren muss. Soweit ersichtlich gibt es keine Rechtsvorschriften, die diesen Fall regeln, sodass auf die allgemeinen Grundsätze zurückgegriffen werden muss. Der Besuch eines außerschulischen Lernorts stellt für Lehrkräfte einen besonderen *Aufsichtsanlass* dar, bei dessen Planung es zu überlegen gilt, welche Gefahren sich für die Schüler, insbesondere durch die Teilnahme am allgemeinen Straßenverkehr, realisieren können. Für die Beantwortung der Frage wird man daher unterscheiden müssen, wie alt die Schüler sind und wie dementsprechend ihr Verantwortungsbewusstsein ausgeprägt ist.

Schüler der *Primarstufe* können zu einem außerschulischen Veranstaltungsort bestellt und auch dort wieder entlassen werden, wenn dieses vorher den Eltern bzw. Erziehungsberechtigten schriftlich mitgeteilt worden ist und diese ihre Kenntnisnahme bestätigt haben. Bei Schülern der *Sekundarstufe I* wird man es genügen lassen können, dass den Eltern das Vorhaben schriftlich bekannt gegeben wird und diese nicht widersprechen.[95] Bei Schülern der *Sekundarstufe II* wird sogar eine Benachrichtigung der Eltern nicht erforderlich sein.

2.6 Klassenfahrten und Exkursionen

Wie gesehen kommt den Fragen rund um die Aufsichtspflicht in der alltäglichen Schulpraxis eine große Bedeutung zu. Diese Bedeutung wird noch größer, wenn es um Aufsichtsfragen im Rahmen von Klassenfahrten geht.

2.6.1 Erhöhte Intensität der Beaufsichtigung

PRAXIS BEISPIEL

Zu Beginn einer Klassenfahrt mit Schülern zwischen 10 und 13 Jahren belehrt der Lehrer die Schüler darüber, keine strafbaren Handlungen zu begehen und nur nach vorheriger Abmeldung in Gruppen von mindestens drei Schülern zu gehen. Eine Gruppe von Schülern beschädigt in einer Ortschaft zwei Fahrzeuge, indem sie Markenembleme aus den Fahrzeugen herausbrechen bzw. dieses versuchen.

Gerade mehrtägige Fahrten und Übernachtungen stellen die Aufsichtspflichtigen regelmäßig vor besondere Probleme. Bei Klassenfahrten ist zu berücksichtigen, dass es sich für die Schüler um eine besondere Situation handelt (Aufsichtsanlass) und sie insoweit leichter dazu neigen, ausgesprochene Belehrungen zu ignorieren. Daher werden die präventiven Aufsichtsmaßnahmen regelmäßig intensiver ausfallen müssen, als es innerhalb der Schule der Fall wäre.

In dem *Beispielsfall* hielt das LG Landau die einmalige Belehrung zu Beginn der Fahrt – es ging dort nicht um eine Klassenfahrt, sondern um ein mehrtägiges Pfadfinderlager – nicht für ausreichend. Das Landgericht stellte fest, dass die Betreuer der Gruppe es nicht bei einer einmaligen Belehrung zu Beginn der Fahrt belassen dürften: „Hinsichtlich der Belehrung zu Beginn des Ferienlagers mussten die Beklagten nämlich in Rechnung stellen, dass noch so eindringliche Verbote in der Atmosphäre eines Ferienlagers schnell in Vergessenheit geraten bzw. verdrängt werden. […] Deshalb durften es die Beklagten nicht bei einer einmaligen Belehrung belassen, sondern mussten diese in ausreichendem Umfang ‚auffrischen'".[96] Die Betreuer hätten folglich damit rechnen müssen, dass es sich bei der Fahrt um eine besondere Unternehmung handelt und die „normalen" Belehrungen der Kinder insoweit nicht ausreichend sind.

2.6.2 Freizeit

Sehr häufig stellt sich für Lehrer – zumindest der weiterführenden Schulen – die Frage, ob sie den Schülern für eine gewisse Dauer Freizeit einräumen sollen, z. B. zum Bummeln oder Einkaufen bei Stadtbesichtigungen.

Einverständniserklärung

Im Zusammenhang mit der Aufsichtsführung während der Schulpausen wurde darauf hingewiesen, dass Schülern ab einem Alter von rund 16 Jahren bzw. ab der zehnten Jahrgangsstufe das Verlassen des Schulgrundstücks erlaubt werden kann, auch wenn keine Zustimmung der Eltern vorliegt. Zwar lassen sich diese Erwägungen auch auf die Gewährung von Freizeit bei Klassenfahrten übertragen, doch sollten die Lehrkräfte aufgrund des besonderen Aufsichtsanlasses (z. B. Aufenthalt in unbekannten Städten) auch bei älteren, noch nicht volljährigen Schülern eine *Einverständniserklärung* der Erziehungsberechtigten einholen, was im Schulalltag ohnehin der Regelfall ist.

Für den Zeitraum der gewährten Freizeit besteht die Aufsichtspflicht grundsätzlich fort, sie reduziert sich aber darauf, jederzeit für die Schüler *erreichbar* zu sein.[97] Würde man die Aufsichtspflicht ganz entfallen lassen, hätte das die merkwürdige Konsequenz, dass ein Schüler in einem Notfall (z. B. bei einer Verletzung) völlig auf sich allein gestellt wäre, da ja lediglich die elterliche Aufsichtspflicht besteht. Das kann aber nach allgemeiner Lebenserfahrung von Eltern nicht gewollt sein, wenn sie sich schriftlich vor Beginn einer Klassenfahrt mit der Einräumung von Freizeit einverstanden erklären. Richtigerweise kann die erteilte Erlaubnis daher nur so verstanden werden, dass die eigentlich erforderliche intensivere Aufsichtshandlung des Lehrers (z. B. Begleitung der Schüler durch die unbekannte Stadt) vertraglich reduziert wird auf eine Belehrungspflicht zu Beginn der Freizeit und die ständige Erreichbarkeit während dieser Zeit. Da heute nahezu jeder Schüler mit einem Mobiltelefon ausgestattet ist, wird es ausreichen, wenn jede Schülergruppe über ein solches verfügt und die Telefonnummer der Lehrkraft bekannt ist.[98]

Planung und Durchführung der Freizeit

Die besonderen Umstände der Zeit zur freien Verfügung machen es zunächst einmal erforderlich, die Schüler über mögliche Risiken und Gefahren zu *belehren*. Nach Ansicht des bereits oben zitierten LG Landau reicht es dabei nicht aus, diese Belehrung nur einmal, möglicherweise zu Beginn der Klassenfahrt, vorzunehmen. Vielmehr sei es aufgrund der besonderen Situation einer Klassenfahrt notwendig, die Belehrung zu wiederholen bzw. aufzufrischen. Es bietet sich daher an, die Belehrung vor jeder Freizeit vorzunehmen und z. B. Regeln schriftlich im Tagesraum o.ä. auszuhängen. Dazu noch einmal das LG Landau: „Hinsichtlich der Belehrung zu Beginn des Ferienlagers mussten die Beklagten nämlich in Rechnung stellen, dass noch so eindringliche Verbote in der Atmosphäre eines Ferienlagers schnell in Vergessenheit geraten bzw. verdrängt werden. [...] Deshalb durften es die Beklagten nicht bei einer einmaligen Belehrung belassen, sondern mussten diese in ausreichendem Umfang ‚auffrischen'."[99]

Sodann erfordert der Aufsichtsanlass, dass Schüler die Freizeit nicht allein, sondern nur in *Kleingruppen* verbringen.[100] So kann sichergestellt werden, dass im Falle eines unvorhersehbaren Ereignisses ein Schüler nicht auf sich allein gestellt ist, sondern ihm Hilfe zur Seite steht.

Darüber hinaus ist es erforderlich, dass die geplante Freizeit *räumlich und zeitlich* hinreichend eingrenzt wird. Es finden sich keine Entscheidungen, die sich ausdrücklich auf den zulässigen *zeitlichen Umfang* solcher Freiräume bei Klassenfahrten beziehen. Hier hilft nur ein Blick auf die zahlreichen Entscheidungen, die die allgemeine Aufsichtspflicht von Eltern zum Gegenstand haben. Auf diese Weise lässt sich doch eine Leitlinie geben. Der Bundesgerichtshof hat es als unangemessen angesehen, wenn bei 10- bis 11-jährigen Kindern eine halbstündige Kontrolle erfolgt.[101] 17-Jährige können generell auch über einen längeren Zeitraum sich selbst überlassen werden.[102]

Schließlich sollte die Lehrkraft den Schülern kleinere *Arbeitsaufträge* mit auf den Weg geben. In diesem Fall handelt es sich nämlich weiterhin noch um eine schulische Veranstaltung, sodass im Falle eines Unfalls die Gesetzliche Unfallversicherung eingreift. Die Zeit zur freien Verfügung wird damit eher zu einer „unechten" Freizeit. Bei rein privaten bzw. eigenwirtschaftlichen Tätigkeiten im Rahmen einer echten Freizeit (z. B. Einkaufen während einer Klassenfahrt) würde ein Versicherungsschutz hingegen nicht bestehen.

2.6.3 Nachtruhe

Ein weiteres Problem stellen die *Übernachtungen* selbst dar. Es versteht sich von selbst, dass die Schüler und Schülerinnen in getrennten Räumen untergebracht werden und die aufsichtspflichtigen Lehrkräfte in derselben Unterkunft übernachten. Zur festgesetzten Schlafenszeit haben die Lehrkräfte zu überprüfen, ob alle Schülerinnen und Schüler ihre Schlafräume aufgesucht haben. Bestehen keine Anhaltspunkte für eine besondere Gefahrenlage (z. B. durch in die Schlafräume geschmuggelten Alkohol oder nächtliche Verabredungen) sollten die Aufsichtspflichtigen bis ca. 23 Uhr die Ruhe mehrfach kontrollieren. Sollten bis dahin keine Anhaltspunkte für eine Gefahrenlage bestehen, hat die Lehrkraft ihrer Aufsichtspflicht vollumfänglich entsprochen.[103]

Anders verhält es sich aber, wenn *erhebliche Unruhe in den Schlafräumen* herrscht oder sich Schüler in andere Schlafräume begeben. Dann muss dieses unterbunden und so lange kontrolliert werden, bis wieder Ruhe eingekehrt ist.

2.6.4 Vorzeitige Abreise aufgrund eines Fehlverhaltens

> Ein Schüler der Klasse 9a stört die Klassenfahrt durch sein Verhalten so stark, dass die aufsichtspflichtigen Lehrkräfte seine Eltern verständigen. Da sie ihn nicht abholen können, wollen die Lehrkräfte ihn am Ort der Klassenfahrt in den Zug setzen. Dürfen sie das?

Bei der Vorbereitung der Klassenfahrt sollte, um spätere Irritationen zu vermeiden, von den Eltern eine schriftliche Bestätigung eingeholt werden, dass sie zur Kenntnis genommen haben, dass ihr Kind bei *schwerwiegendem Fehlverhalten* von der Klassenfahrt ausgeschlossen und nach Hause geschickt werden kann. Des Weiteren sollten sie darauf hingewiesen werden, dass sie grundsätzlich verpflichtet sind, das Kind am Ort der Klassenfahrt abzuholen und – falls das nicht möglich ist – die für die Rückfahrt anfallenden Kosten selbst zu tragen.[104]

Entstehen der Lehrkraft *Kosten* im Zusammenhang mit dem Rücktransport des Schülers (z. B. durch das Auslegen von Geld für die vorzeitige Rückreise), so bildet die Einverständniserklärung der Erziehungsberechtigten die Anspruchsgrundlage für die Rückforderung des Geldes. Hat sich der Lehrer die Übernahme der Kosten vorher nicht zusichern lassen und legt er Geld aus, so hat er auch in diesem Fall einen Regressanspruch gegen die Erziehungsberechtigten (öffentlich-rechtliche Geschäftsführung ohne Auftrag).

Wenn nun tatsächlich eine solche Situation besteht, sollte zunächst Rücksprache mit der Schulleitung und den Erziehungsberechtigten genommen werden. Sollten sich die Eltern weigern oder keine Zeit haben, ihr Kind abzuholen, so stellt sich die Frage, ob nun der Schüler alleine in den Zug gesetzt werden darf. Dieses hängt – wie immer – vom Einzelfall ab. Entscheidend sind wohl das Alter des Kindes und der damit zusammenhängende *Entwicklungsstand.*

Im vorliegenden *Beispielsfall* wird der Schüler der Klasse 9a alleine in den Zug gesetzt werden können. Anders wäre die Situation aber wohl zu beurteilen, wenn sich der Schüler aufgrund seines Ausschlusses besonders aggressiv verhält.

2.6.5 Erkrankung während der Klassenfahrt

PRAXIS BEISPIEL Der 14-jährige S nimmt an einer Klassenfahrt nach England teil. Er erkrankt an einer Blinddarmentzündung und muss vor Ort operiert werden. Da S noch länger im Krankenhaus bleiben muss und nicht mit der Klasse zurückreisen kann, überlegt die Klassenlehrerin, ob die Eltern verpflichtet sind, ihr Kind vor Ort weiterhin zu betreuen.

Weiter oben wurde darauf hingewiesen, dass die Aufsichtspflicht der Schule im normalen Schulalltag grundsätzlich mit dem Zeitpunkt endet, in dem der Schüler das Schulgrundstück für den Heimweg verlässt. Etwas anderes gilt nur für den Fall, dass der Schüler aufgrund einer Erkrankung ersichtlich nicht in der Lage ist, gefahrlos nach Hause zu gelangen (Aufsichtsanlass). Dann wirkt die Aufsichtspflicht der Schule so lange fort, bis der Schüler in die Obhut der Eltern oder von ihnen beauftragter Personen übergeben wird. Diese Grundsätze gelten auch für Erkrankungen auf Klassenfahrten: „Die Schule muss […] den erkrankten Schüler, um ihn aufsichtspflichtgemäß vor Schaden zu bewahren, auch auswärts so lange beaufsichtigen, bis die Eltern die Aufsicht selbst übernehmen."[105]

Die *Eltern* sind im Falle einer Erkrankung verpflichtet, möglichst schnell die Betreuung des Kindes am Ort der Klassenfahrt zu übernehmen, soweit ihnen das möglich und zumutbar ist. Die dabei zusätzlich anfallenden Kosten (insbesondere Reisekosten) haben die Eltern zu tragen: „Die individuelle […] Erkrankung ist Teil des allgemeinen Lebensrisikos, das sich prinzipiell jederzeit und an jedem Ort realisieren kann. Ist dies der Fall, haben es der Betroffene selbst und diejenigen zu tragen, die allgemein für sein Wohlergehen verantwortlich sind. Dies gilt auch dann, wenn sich das allgemeine Lebensrisiko unter Umständen weit entfernt vom Wohnort verwirklicht."[106]

Solange die Eltern noch nicht vor Ort sind, obliegt den Lehrkräften weiterhin die Aufsichtspflicht. Befindet sich das Kind in einem Krankenhaus, hängt es vom Alter des Kindes ab, ob es dort schon allein gelassen werden darf. Bei einem 14-jährigen Schüler ist das *OVG Nordrhein-Westfalen* noch davon ausgegangen, dass er nicht allein gelassen werden durfte.

2.6.6 Alkoholkonsum bei Klassenfahrten

Der richtige Umgang mit dem Thema „Alkoholkonsum durch Schüler" ist für viele Lehrkräfte ein Vabanquespiel, gerade wenn sie mit älteren Schülern auf eine Klassen- oder Studienfahrt gehen. Denn nicht selten nutzen leider manche Schüler die besondere Atmosphäre einer solchen Fahrt und die Abwesenheit der Eltern aus, um erste Erfahrungen mit Alkohol zu sammeln oder beim Konsum über die Stränge zu schlagen.

Als Grundsatz ist zunächst einmal festzuhalten, dass im Rahmen schulischer Veranstaltungen ein striktes Alkoholverbot besteht. Wenn eine Lehrkraft den Schülern das Trinken alkoholischer Getränke dennoch gestatten möchte, muss sie entweder das Alkoholverbot aufheben oder – wenn das Landesrecht diese Möglichkeit anders als z. B. in Hamburg[107] nicht vorsieht – die schulische Veranstaltung während der Fahrt für einen gewissen Zeitraum für beendet erklären („echte" Freizeit, „unechte" Freizeit: vergleiche oben unter 2.6.2). Eine solche Unterbrechung ist solange unproblematisch, wie die Schüler volljährig sind und sich selbst mit der Beendigung der Schulveranstaltung einverstanden erklären können. Bei minderjährigen Schülern ist hingegen vorab eine Einverständniserklärung der Eltern einzuholen. Ob und inwieweit die Minderjährigen dann Alkohol trinken dürfen, richtet sich zumindest für Fahrten innerhalb Deutschlands nach dem Jugendschutzgesetz (JuSchG), in anderen Ländern sind die dortigen Rechtsvorschriften zu beachten. Liegt eine Einverständniserklärung der Eltern nicht vor und wird die schulische Veranstaltung somit nicht unterbrochen, muss die Lehrkraft alle möglichen und zumutbaren Maßnahmen ergreifen, um drohende Gefahren abzuwenden. Die abstrakte Gefahr „Alkoholkonsum bei Klassenfahrten" bildet insoweit den besonderen Aufsichtsanlass (vgl. oben unter 1.6.2). Von der Lehrkraft ist zu erwarten, dass sie wiederholt auf das Verbot des Alkoholkonsums hinweist und über mögliche Gefahren belehrt.

2.6.7 Schwimmbadbesuche und Schwimmen in offenen Gewässern

Das Schwimmen während einer Klassenfahrt oder während eines Tagesausflugs stellt die Lehrkräfte immer wieder vor große Anforderungen. Es handelt sich insoweit um einen besonderen Aufsichtsanlass, der eine erhöhte achtsame Aufsichtsführung erfordert.

Schwimmbäder

Bei Schulfahrten sollte das Schwimmen immer nur in *öffentlich beaufsichtigten Badebetrieben* erfolgen. Obwohl in diesem Fall mit dem Schwimm- bzw. Bademeister eine qualifizierte Person anwesend ist, muss der Lehrer noch einige wichtige Aspekte beachten: Zunächst einmal muss festgehalten werden, dass die Lehrkraft nicht durch die Anwesenheit von Schwimmmeistern in einer Badeanstalt völlig von der eigenen Aufsichtspflicht entbunden wird.

Der Aufsichtsanlass erfordert es, dass sich die Lehrkraft mit den örtlichen *Gegebenheiten* des fremden Schwimmbades *vertraut* macht. Daher muss der Lehrer sicherstellen, dass keine Schülerin / kein Schüler vor ihm die Schwimmhalle betritt bzw. zum Schwimmbecken geht und hineinspringt. Reine Belehrungen, dass die Schüler nach dem Umziehen vor dem Beckenrand warten und nicht ohne die Lehrkraft ins Wasser gehen sollen, sind insoweit nicht ausreichend, da grundsätzlich damit gerechnet werden muss, dass jeder Schüler als Erster im Wasser sein möchte.[108]

Während es zahlreiche Entscheidungen zu der Frage gibt, wie der Schwimmmeister seine Aufsicht im Schwimmbad zu führen hat[109], findet sich kaum eine Rechtsprechung darüber, wie sich die Lehrkräfte zu verhalten haben. Das *OLG Koblenz* hat es als ausreichend angesehen, wenn sich aufsichtspflichtige Betreuer lediglich an *Schwerpunktstellen* wie Wasserrutschen u. a. aufhalten: „Die Betreuer einer aus 40 Kindern im Alter zwischen 8 und 12 Jahren bestehenden Feriengruppe trifft nicht der Vorwurf der Aufsichtspflichtverletzung, wenn sie die Gruppe während eines Besuchs eines Freibades nicht in Kleingruppen unterteilen, die der ständigen feststehenden Betreuung durch zumindest einen Betreuer unterstehen. Dies ist bei der Altersstufe […] nicht mehr erforderlich. Hier genügt es auch bei einem Schwimmbadbesuch, dass die Betreuer sich an Schwerpunkten aufhalten und freiwillige Gruppen von Kindern um sich scharen, denen sich jedes Kind nach Belieben anschließen kann, auch wenn es hierdurch ermöglicht wird, dass sich einzelne oder auch mehrere Kinder einer Überwachung und Kontrolle entziehen können, da für Kinder dieses Alters eine ständige Kontrolle nicht mehr erforderlich ist. Die Betreuer haften daher nicht unter dem Aspekt der Aufsichtspflichtverletzung, wenn eines der Kinder, denen die Anweisung erteilt war, sich nur im Nichtschwimmerbecken aufzuhalten, das insbesondere im Bereich einer Rutschbahn beaufsichtigt wurde, nach dem Ertrinkungsfall im Schwimmerteil des Beckens aufgefunden wird."[110]

Am Ende muss sich die Lehrkraft schließlich davon überzeugen, dass alle Kinder das Wasser verlassen haben.

Offene Gewässer

> **PRAXIS BEISPIEL**
>
> Eine Hauptschullehrerin unternimmt mit einer 6. Klasse einen Tagesausflug an einen Baggersee, um dort zu baden und zu grillen. Die Lehrerin weist die Schüler darauf hin, dass das Schwimmen im Baggersee wegen des Auftretens von kalten und warmen Strömungen nicht ungefährlich sei, auch werde der Untergrund plötzlich tiefer. Nichtschwimmer sollten deshalb nur im knietiefen Wasser plantschen dürfen. Gegen Vorlage einer schriftlichen Einverständniserklärung der Eltern sollten schwimmkundige Kinder im brusttiefen Wasser schwimmen dürfen. Eine 14-jährige türkische Schülerin, die eine von ihr gefälschte schriftliche Erklärung vorgelegt hatte („Mein Kind kann schwimmen"), ertrinkt, ohne dass dies die Lehrerin zunächst bemerkt.

Das Baden und Schwimmen in offenen Gewässern (z. B. Baggerseen, offenes Meer) ist mit sehr großen Gefahren verbunden. Aus der Sicht eines besonnenen und vorsichtigen Aufsichtspflichtigen wird besonders genau zu prüfen sein, welche Gefahren sich mit dem Aufsuchen des Gewässers verwirklichen können. Nach der gründlichen Prüfung muss der Lehrer dann darüber entscheiden, ob das Gewässer überhaupt ein geeigneter Bade- bzw. Schwimmplatz ist und welche Vorkehrungen vor Ort zu treffen sind, damit sich keine der Gefahren verwirklicht (z. B. Anzahl der aufsichtführenden Lehrkräfte).

Das OLG Köln entschied, dass die Lehrerin einerseits ein *ungeeignetes Ausflugsziel* ausgewählt habe: „Auch wenn in dem Baggersee das Baden im Rahmen des Gemeingebrauchs erlaubt war, so war er als Ziel für den Badeausflug dieser Schulklasse ungeeignet, da die Sicherheit der Kinder, die nicht oder nicht gut schwimmen konnten, nicht in dem erforderlichen Maße gewährleistet war. Insbesondere das plötzliche Abfallen des Untergrundes stellte für solche Kinder eine erhebliche Gefahr dar. Wie im angefochtenen Urteil festgestellt ist, sank die Wassertiefe schon in einer Entfernung von 5 m vom Ufer auf 3 m ab. Der für Nichtschwimmer geeignete Teil des Sees war nicht durch Seile oder Balken abgetrennt, auch fehlte eine Aufsicht durch einen Bademeister. Da von 26 Kindern nur 9 oder 10 Kinder eine Bestätigung der Eltern mitgebracht hatten, nach der sie schwimmen konnten und ihre Eltern mit dem Schwimmen im See einverstanden waren, musste die […] [Lehrerin, d. V.] davon ausgehen, dass unter den Kindern eine größere Anzahl Nichtschwimmer war. Diese Nichtschwimmer waren beim Baden in ihrer Sicherheit erheblich gefährdet. Auch Kinder, die nach der Erklärung der Eltern schwimmen konnten, konnten gefährdet sein. Nach den beigebrachten Erklärungen blieb unklar, wie gut die Kinder schwimmen konnten. Da nicht nach dem Freischwimmerzeugnis gefragt wurde, war nicht auszuschließen, dass auch solchen Kindern Schwimmfähigkeit bestätigt wurde, die tatsächlich nur wenige Züge schwimmen konnten und daher gefährdet waren, wenn sie plötzlich keinen Grund mehr unter den Füßen hatten. Diesen Gefahren konnte die Angekl. allein nicht mit der erforderlichen Sicherheit begegnen. Sie war nicht im Besitz eines Rettungsschwimmerzeugnisses; sie war außerdem bei der Beaufsichtigung von 26 Kindern an dem Seeufer, an dem reger Badebetrieb herrschte, überfordert, da bei dem hochsommerlichen Wetter das Wasser auf die Kinder der am Ufer lagernden Klasse eine große Anziehungskraft ausübte, so dass damit zu rechnen war, dass stets zumindest einzelne Kinder im Wasser waren, und da die Angekl. nicht ständig die gesamte in Betracht kommende Seefläche im Auge halten konnte, zumal sie auch die Vorbereitungen zum Grillen überwachen musste. Unter diesen konkreten Umständen hätte sie von einem Ausflug zu dem Badesee absehen müssen."[111]

Auch habe die Lehrerin keine rechtmäßige *Aufsicht am Badeplatz* geführt: „Im vorliegenden Fall hatte die [...] [Lehrerin, d. V.] durch die Auswahl des Ausflugsziels eine Gefahrenlage geschaffen, die sie zu gesteigerter Aufsichtspflicht zwang. Solange sie nicht durch entsprechende klare Anweisungen sicherstellte, dass kein Kind ihrer Klasse sich im Wasser aufhielt, musste sie ständig die Wasserfläche und ihre sich dort aufhaltenden Schüler im Auge behalten. Diese erhöhte Sorgfaltspflicht bestand nicht nur gegenüber den Nichtschwimmern, sondern auch gegenüber den Schwimmern, da auch diese durch leichtsinniges Verhalten, z. B. durch zu weites Hinausschwimmen in den See, gefährdet waren und die [...] [Lehrerin, d. V.] zudem die Schwimmfähigkeit dieser Schüler nicht sicher beurteilen konnte. Die Angekl. hat ihre Pflicht, die Wasserfläche ständig aufmerksam im Auge zu halten, verletzt, da ihr andernfalls [...] nicht entgangen wäre, dass zwei Mädchen – unter ihnen die später Ertrunkene – auf einer Luftmatratze in den See hinaus paddelten, und zwar bis zu einer Stelle, an dem (sic!) die Wassertiefe schon 3 m betrug, obwohl nach den Anweisungen der [...] [Lehrerin, d. V.] auch schwimmkundige Kinder nur ins brusttiefe Wasser durften und obwohl die Benutzung einer Luftmatratze im Wasser ausdrücklich nur nach vorheriger Absprache mit der Angekl. erlaubt war."[112]

2.7 Schulfeierlichkeiten

Zum Abschluss des Schuljahres organisiert die Elternsprecherin der Klasse 1d gemeinsam mit der Klassenlehrerin ein Grillfest für die ganze Familie. An diesem Fest, das auf dem nahegelegenen Sportplatz stattfindet, nehmen neben zahlreichen Eltern auch B, der die 1d besucht, sowie sein 5-jähriger Bruder S teil. Die Klassenlehrerin ist die einzige anwesende Lehrkraft. Als die Lehrerin auf dem Fußballfeld mit der Durchführung eines Völkerballspiels beschäftigt ist und sich die Mutter von S am Bratwurststand aufhält, entfernt sich S und geht zu einer 25 Meter entfernten tragbaren Fußballtorwand. Diese hatten einige Eltern ohne Wissen der Lehrerin und der Elternsprecherin zwischenzeitlich aufgestellt. Er klettert mit einem anderen kleinen Jungen daran hoch. Hierbei kippt die nicht gegen Umfallen nach vorne gesicherte Torwand um. S erleidet einen Oberschenkelspiralbruch.

Allgemeines

Schulfeierlichkeiten sind ein fester Bestandteil des Schullebens. Sie gehören gewissermaßen zur Schulkultur und sind Ausdruck einer funktionieren Schulgemeinschaft. Es gibt sie in zahlreichen Variationen, wobei sie sich entweder an alle Schüler, Eltern und Lehrkräfte der Schule richten (z.B. Sommerfest der Schule, Feierlichkeiten zum Schuljubiläum) oder – wie in dem Beispielsfall – auf einzelne Klassen oder Jahrgänge beschränken. Aus der Perspektive der schulischen Aufsichtspflicht ist zunächst einmal wichtig, dass es sich bei solchen Feierlichkeiten um *schulische Veranstaltungen* handelt. Richtet sich die Feier nur an die Schüler und Eltern einer Klasse, gilt dies jedenfalls dann, wenn das Klassenfest im Rahmen eines Elternabends mit Zustimmung der Klassenlehrerin beschlossen und als solches öffentlich angekündigt wurde. Erleidet ein Schüler während der Veranstaltung einen Unfall, leistet somit die Gesetzliche Unfallversicherung.

Ebenfalls ist von Bedeutung, dass die mithelfenden Personen *hoheitlich tätig* werden und für sie daher auch der Amtshaftungsanspruch (Art. 34 i.V.m. §839 BGB) greift, sodass sich Schadensersatzansprüche gegen den Dienstherren richten.

Organisationspflichten

Bei der Veranstaltung einer Schulfeierlichkeit treffen die Lehrkräfte verschiedene Pflichten: Als (Mit-)Veranstalter obliegt es ihnen einerseits, die Feier gewissenhaft zu planen und zu organisieren. Dabei haben sie vorab zu prüfen, inwieweit sich Gefahren für die Teilnehmer realisieren können, insbesondere aufgrund der *räumlichen Gegebenheiten.* In dem Beispielsfall konnten die Lehrerin und die Elternsprecherin glaubhaft nachweisen, dass sie sich bei Beginn des Festes vom sicheren Zustand des Sportplatzes und seiner Einrichtungen überzeugt hatten. Das Fußballtor hätte in ungefährlichem Zustand auf einer Böschung am Rande des Sportplatzgeländes gelegen. Eine Gefahr für Kinder ging davon nicht aus, da es wegen seines Gewichts nur von mehreren Erwachsenen aufgestellt werden konnte.

Auch gilt es zuvor zu prüfen, ob hinreichend *Aufsichtspersonal* vorhanden ist. Das sei in dem Beispielsfall der Fall gewesen. Die Lehrerin habe „als Mitveranstalterin des Klassenfestes angesichts der Vielzahl anwesender aufsichtspflichtiger Eltern das an sich ungefährliche Veranstaltungsgelände während der Veranstaltung nicht fortlaufend überwachen oder Aufsichtskräfte für eine Überwachung organisieren [müssen, d. V.]. [...] Hier waren nicht lediglich Schüler und deren Geschwister zu der Veranstaltung eingeladen. Teilnehmer waren vielmehr Kinder in Begleitung ihrer aufsichtspflichtigen Eltern oder sonst verantwortlicher Familienmitglieder. Bei einem solchen Teilnehmerkreis konnte ein umsichtiger Veranstalter davon ausgehen, dass diese Personen das Sportplatzgelände in unbedenklicher Weise nutzen und ihre Kinder oder Kinder von anderen Eltern nicht gefährden würden. Die für das Klassenfest Verantwortlichen hatten keinen Anlass und keine Verpflichtung, die teilnehmenden Familien ihrer Schüler und deren Verhaltensweisen zu kontrollieren und zu überwachen."[113]

Aufsichtspflicht

Des Weiteren muss die Lehrkraft während der Schulfeierlichkeit ihre *Aufsichtspflicht* wahrnehmen. Die Intensität der Aufsichtsführung richtet sich auch hier danach, was eine besonnene und vorsichtige Aufsichtsperson im konkreten Fall unternehmen würde, um Schäden zu vermeiden. Dabei ist zu berücksichtigen, wie viele weitere aufsichtspflichtige Personen anwesend sind. Darauf stellt in dem Beispielsfall auch das OLG Koblenz ab, wenn es erklärt: „Für alle Festteilnehmer war offenkundig, dass die als einzige Lehrkraft anwesende [...] [Klassenlehrerin, d. V.] nur die Aufsichtsverantwortung für die Schüler und sonstige teilnehmende Kinder übernommen hatte, die sich an den von ihr organisierten Spielen beteiligten. Kinder, die wie der Kläger nicht am Spielprogramm teilnahmen, standen unter der Obhut und Beaufsichtigung der sie begleitenden und primär verantwortlichen Erziehungsberechtigten. Angesichts des Umstands, dass die einzige anwesende Lehrerin mit den von ihr betreuten Kindern Völkerball spielte, konnte die Mutter des Klägers nicht damit rechnen, dass ‚irgendjemand der Anwesenden' sich um ihren Sohn kümmern würde, wenn sie ihn unbeaufsichtigt spielen ließ. Der Unfall hat sich in ihrer Aufsichtssphäre ereignet."[114]

Pflicht zur Beseitigung neuer Gefahrenquellen (Verkehrssicherungspflicht)

PRAXIS BEISPIEL

Während des Sommerfestes, das die Schule gemeinsam mit dem Förderverein ausrichtet, wird ein großer Sonnenschirm aufgestellt. Um ihn gegen das Umfallen zu sichern, werden größere Betonplatten auf den Schirmständer gelegt. Im Verlauf der Veranstaltung stürzt ein Festteilnehmer über eine Betonplatte und verletzt sich.

Ebenfalls obliegt es den Veranstaltern einer Schulfeierlichkeit, darauf zu achten, dass solche Gefahrenstellen beseitigt werden, die erst im Laufe der Veranstaltung geschaffen wurden. Grundsätzlich ist der Schulträger für die Sicherheit im Schulgebäude und auf dem Schulgelände verantwortlich, er trägt insoweit die Verkehrssicherungspflicht. Werden im Rahmen einer Schulveranstaltung neue Gefahren geschaffen, müssen die Lehrkräfte dafür sorgen, dass diese wieder beseitigt werden, insoweit sind sie selbst *verkehrssicherungspflichtig:* „Als Veranstalter traf [...] [die Lehrkräfte, d. V.] die Verantwortung für einen gefahrlosen Ablauf des Festes und für einen verkehrssicheren Zustand der Örtlichkeiten. Wenn sie im Rahmen der Organisation des Festes eine Gefahrenquelle schufen, waren sie für deren Überwachung und Sicherung verantwortlich. [...] Es kommt auch nicht darauf an, welche konkrete Person die Anordnung gegeben hat, die Platten auf den Fuß des Schirms zu legen, oder wer tatsächlich die Platten dahin gelegt hat, was nicht mehr zu klären ist. Auch wenn dies etwa durch Mitglieder des Fördervereins geschehen sein sollte, ändert dies an der Verantwortlichkeit der Lehrer nichts. Als Mitveranstalter waren die Lehrer für den Zustand des Schulhofes mitverantwortlich. Sie mussten selbst dafür sorgen, dass die Platten entweder nicht verwendet oder hinreichend abgesichert oder jedenfalls bei Anbruch der Dunkelheit fortgeschafft wurden. Da die von den Betonplatten ausgehenden Gefahren erkennbar waren – und zwar nicht erst, als mehrere Lehrer selbst darüber stolperten –, ist den anwesenden und an der Organisation beteiligten Lehrern auch ein Fahrlässigkeitsvorwurf zu machen."[115]

Auch der *Schulträger* hat im vorliegenden Fall gegen seine Verkehrssicherungspflicht verstoßen. Darauf wurde bereits an anderer Stelle näher eingegangen.

3 Rechtsfolgen

In diesem dritten Kapitel sollen nun mögliche Rechtsfolgen im Vordergrund stehen, die eine Lehrkraft im Falle einer Aufsichtspflichtverletzung treffen können. Dabei handelt es sich einerseits um zivilrechtliche bzw. haftungsrechtliche Ansprüche, bei denen es darum geht, den entstandenen Schaden, z. B. für eine kaputte Brille oder Arztkosten, auszugleichen. Um sie soll es im Folgenden vor allem gehen (vgl. dazu unter 3.1). Andererseits sind aber auch dienstrechtliche Folgen wie die Einleitung eines Disziplinarverfahrens (3.4) und strafrechtliche Konsequenzen (z. B. Anklage wegen fahrlässiger Körperverletzung) gegen die Lehrkraft in Erwägung zu ziehen (3.5).

3.1 Vier Fragen vorweg

Bisher wurde dargestellt, welche Anforderungen von der Rechtsprechung an eine rechtmäßige Aufsichtshandlung gestellt werden – zunächst allgemein (vgl. Kapitel 1) und sodann konkret für verschiedene schulische Aufsichtsbereiche (vgl. Kapitel 2). Von großer Bedeutung ist nun, dass eine unzureichende bzw. mangelhafte Aufsichtsführung nicht automatisch zu einer Haftung für einen entstandenen Schaden führt, denn: Das Vorliegen einer mangelhaften Aufsichtsführung ist nur eine, nicht jedoch die alleinige Voraussetzung für eine Einstandspflicht! Die weiteren Voraussetzungen ergeben sich aus § 839 BGB, der gemeinsam mit Art. 34 GG die zentrale Anspruchsgrundlage für Amtshaftungsansprüche bildet. Danach muss weiterhin überprüft werden,

- ob der eingetretene Schaden gerade auch auf die unterlassene Aufsichtshandlung zurückzuführen ist (Frage nach der Ursächlichkeit bzw. der *Kausalität*),
- ob die geschädigte Person überhaupt durch die wahrzunehmende Aufsichtsführung geschützt werden sollte (Frage nach der *Drittbezogenheit*),
- ob dem Aufsichtspflichtigen ein Vorwurf gemacht werden kann, weil er vorsätzlich oder fahrlässig gehandelt hat (Frage nach dem *Verschulden*).
- Schließlich gilt es noch zu klären, ob nicht gar eine Haftung vollkommen entfällt, weil der Schaden die Folge eines Unfalls ist und somit die Gesetzliche Schülerunfallversicherung gem. §§ 104ff. SGB VII den Schaden ausgleicht (Frage nach dem *Haftungsausschluss*).

Diese vier Vorfragen gilt es stets zu klären, bevor abschließend darüber entschieden werden kann, welche zivilrechtlichen Ansprüche tatsächlich bestehen. Sollte ein Haftungsausschluss vorliegen, erübrigen sich die restlichen Aspekte – ein guter Grund, die Klärung dieser Frage gleich an den Anfang zu stellen!

3.1.1 Liegt ein Haftungsausschluss vor? (§§ 104 SGB VII)

Ein Schüler verletzt sich bei einer Rauferei mit einem anderen Schüler schwer. Die Eltern sind der Meinung, dass der Lehrer nicht richtig aufgepasst hat, und strengen deshalb ein Gerichtsverfahren an, um Schadensersatz- und Schmerzensgeldansprüche durchzusetzen. Da der Sachverhalt kompliziert ist, wird der Lehrer in dem Prozess wiederholt als Zeuge gehört, und auch der Schüler ist mit seinen Eltern bei den Sitzungen dabei. Morgens in der Schule berichtet der Schüler seinen Freunden von den Verhandlungen und erzählt, wie nervös und unsicher ihr Lehrer dabei gewesen sei.

Eine unbefriedigende Situation, oder? Ist nicht zu befürchten, dass sich die (möglicherweise) begangene Aufsichtspflichtverletzung und das Gerichtsverfahren negativ auf den Unterrichtsbetrieb auswirken und den Schulbetrieb stören? Diese Gefahr sah jedenfalls der Gesetzgeber und statuierte eine *Haftungsüberleitung*[116]: Immer dann, wenn es im Schulbetrieb zu einem Personenschaden kommt und der Geschädigte dem schulischen Betrieb angehört, leistet automatisch die Gesetzliche (Schüler-)Unfallversicherung (GUV). Ansprüche gegen den „Verursacher" des Schadens – in unserem Beispielsfall möglicherweise der Lehrer, der seiner Aufsichtspflicht nicht nachgekommen ist oder der Mitschüler, der dem Opfer bei der Rauferei die Verletzung zugefügt hat – sind grundsätzlich ausgeschlossen, es sei denn, der Verursacher hat vorsätzlich gehandelt oder der Unfall ereignete sich auf dem Schulweg.

Geschützter Personenkreis

Die GUV sieht zugunsten verschiedener Personenkreise bzw. Schadensverursacher eine Haftungsbeschränkung vor. Der Vollständigkeit halber seien im Folgenden alle relevanten Konstellationen genannt, wobei für mögliche Aufsichtspflichtverletzungen nur die erste Variante relevant ist:

- Lehrkräfte (oder genauer: „Betriebsangehörige") im Verhältnis zu ihren Schülern sowie deren Angehörigen und Hinterbliebenen, § 104 Abs. 1 S. 1 SGB VII
- Betriebsangehörige im Verhältnis zu anderen Betriebsangehörigen sowie deren Angehörigen und Hinterbliebenen, § 105 Abs. 1 S. 1 SGB VII (z. B.:

Aus Unachtsamkeit verletzt Lehrer A seinen Kollegen Lehrer B.)

- Schüler im Verhältnis zu ihren Mitschülern sowie deren Angehörigen und Hinterbliebenen, § 106 Abs. 1 Nr. 1 SGB VII
- Schüler im Verhältnis zu den Betriebsangehörigen, § 106 Abs. 1 Nr. 2 SGB VII

In all den genannten Fällen sind Ansprüche gegen den Verursacher des Schadens ausgeschlossen und gehen auf die GUV über. Dabei mutet die Terminologie „Betriebsangehörige" möglicherweise etwas seltsam an, allerdings regeln die oben genannten Vorschriften in erster Linie Unfälle in Unternehmen bzw. Betrieben. Die Schule ist insoweit der „Betrieb", die Anstellungskörperschaft bzw. der Arbeitgeber der „Unternehmer". Handelt es sich um Schäden, die schulfremde Personen z. B. im Fall von Steinwürfen auf ihren PKW erleiden, findet die Haftungsbeschränkung keine Anwendung und es geht gewissermaßen weiter mit Vorfrage Nr. 2 (vgl. 3.1.2). Für die Haftungsüberleitung müssen folgende drei Voraussetzungen erfüllt sein:

Voraussetzungen für die Haftungsüberleitung

Zum einen muss die Verletzungshandlung *schulbezogen* erfolgt sein. Das ist nach der Rechtsprechung dann der Fall, wenn sie auf der typischen Gefährdung aus engem schulischen Kontakt beruht und deshalb einen inneren Bezug zum Besuch der Schule aufweist und nicht nur „bei Gelegenheit" des Schulbesuchs erfolgt. „Schulbezogen im Sinne dieser Rechtsprechung sind insbesondere Verletzungshandlungen, die aus Spielereien, Neckereien und Raufereien unter den Schülern hervorgegangen sind, ebenso Verletzungen, die in Neugier, Sensationslust und dem Wunsch, den Schulkameraden zu imponieren, ihre Erklärung finden; dasselbe gilt für Verletzungshandlungen, die auf übermütigen und bedenkenlosen Verhaltensweisen in einer Phase der allgemeinen Lockerung der Disziplin – insbesondere in den Pausen oder auf Klassenfahrten oder nach Beendigung des Unterrichts oder während der Abwesenheit der Aufsichtspersonen – beruhen [...]. Mit Blick darauf, dass der Haftungsausschluss bei Schulunfällen dazu bestimmt ist, den Schulfrieden und das ungestörte Zusammenleben von Lehrern und Schülern in der Schule zu gewährleisten, erscheint es geboten, das Haftungsprivileg nicht eng auszulegen [...]. Die innere schulische Verbundenheit von Schädiger und Verletztem, die in dem Unfall zum Ausdruck kommen muss, erfordert allerdings stets, dass die konkrete Verletzungshandlung durch die Besonderheiten des Schulbetriebs geprägt wird, was in der Regel eine engere räumliche und zeitliche Nähe zu dem organisierten Betrieb der Schule voraussetzt [...]."[117]

§ 2 Abs. 1 Nr. 8 b SGB VII weitet den Versicherungsschutz für Schüler auf die Teilnahme an Betreuungsmaßnahmen vor und nach dem Unterricht aus, wobei eine Durchführung dieser Maßnahmen im Zusammenwirken mit der Schule ausreicht. Problematisch kann der Versicherungsschutz für solche Unfälle sein, die zwar einen Zusammenhang mit dem Schulbesuch haben, jedoch im *außerunterrichtlichen Bereich* am Nachmittag o. Ä. erfolgen (z. B. Unfall während einer Zusammenkunft mit mehreren Schülern nach der Schule zur Anfertigung einer von der Schule initiierten Projektarbeit). Auf diesen Fragenkreis wurde bereits an anderer Stelle dieses Buches ausführlich eingegangen (vgl. oben unter 2.2.7).

Zum anderen darf kein *vorsätzliches Handeln* vorliegen, und zwar weder bezogen auf die schädigende Handlung noch auf den eigentlichen Schadenseintritt (sog. „doppelter Vorsatz").[118] Der Schädiger darf also die Verletzung nicht beabsichtigt oder zumindest billigend in Kauf genommen haben. Diese hohe Hürde für eine persönliche Haftung eines Lehrers oder Schülers begründet der BGH damit, dass „Spielereien und Raufereien von Kindern und Jugendlichen, bei denen die Zufügung von Schmerzen häufig gewollt ist oder zumindest billigend in Kauf genommen wird, [...] zu den typischen durch die Schulsituation bedingten Verhaltensweisen [gehören, d. V.]. Die Beteiligten beabsichtigen dabei in der Regel nicht, einander ernsthafte und dauerhafte Verletzungen zuzufügen, zu denen es gleichwohl gelegentlich kommen kann. Die Folgen solch typischer Schulunfälle sollen dem jeweiligen Schädiger aber durch die Unfallversicherung gerade abgenommen werden, nicht zuletzt im Interesse des Schulfriedens und des ungestörten Zusammenlebens von Lehrern und Schülern in der Schule."[119]

Schließlich darf sich der Unfall nicht auf dem *Schulweg* ereignet haben, wozu die Wege von dem Wohnort des Schülers zur Schule und zurück zählen.

Rechtsfolgen

Sind diese drei Voraussetzungen erfüllt, greift die Haftungsbeschränkung der §§ 104 ff. SGB VII ein. Das hat zur Folge, dass all jene Schadensersatzansprüche gegen den Verursacher ausgeschlossen sind, die den eigentlichen Personenschaden betreffen. Dazu zählt auch der Anspruch auf Schmerzensgeld. Sachschäden sind davon ausgenommen, sie richten sich auch weiterhin gegen die Anstellungskörperschaft des Lehrers bzw. gegen den Mitschüler.

Umfang der Entschädigungsleistungen
Die Entschädigungsleistungen der GUV umfassen die Heilbehandlung, also Kosten der Erstversorgung, ambulante Behandlung, häusliche Krankenpflege, Arznei- und Verbandmittel, Heilmittel, Hilfsmittel, Behandlung in Krankenhäusern und Rehabilitationseinrichtungen u. a., die Leistungen zur Teilhabe am Arbeitsleben, Leistungen zur Teilhabe am Leben in der Gemeinschaft (Kraftfahrzeughilfe u. a.), Leistungen bei Pflegebedürftigkeit sowie (einmalige oder wiederkehrende) Geldleistungen (Verletztengeld, Übergangsgeld, Verletzten- und Hinterbliebenenrente). Nicht umfasst sind hingegen *Schmerzensgeldansprüche.* Für den Umfang der Leistungen hat ein etwaiges *Mitverschulden* des Verletzten keine Bedeutung. Trifft also einen Schüler an dem Unfall eine Mitschuld, d. h., handelte er fahrlässig, so mindert dieses den Leistungsanspruch gegenüber der GUV nicht. Dieses gilt auch, wenn der Schüler entgegen Verboten der Schule gehandelt hat.

Regress gegen die Lehrkraft?
Die Gesetzliche Unfallversicherung kann nur dann auf die Lehrkraft zurückgreifen und die Geldsumme zurückverlangen, wenn sie ihre Aufsichtspflicht entweder *vorsätzlich* oder *grob fahrlässig* verletzt hat.[120] Vorsätzliches Handeln liegt vor, wenn die Lehrkraft zumindest mit der Aufsichtspflichtverletzung gerechnet und diese billigend in Kauf genommen hat. Anders als bei §§ 104 Abs. 1, 105 Abs. 1 und 106 Abs. 1 SGB VII ist nicht erforderlich, dass sich der Vorsatz auch auf den Eintritt eines ernstlichen Personenschadens erstreckt. Grobe Fahrlässigkeit ist gegeben, wenn der Aufsichtspflichtige die erforderliche Sorgfalt in einem besonders schweren Maße verletzt hat, wenn er nicht das beachtet, was im konkreten Fall einleuchten musste. Die den Versicherungsfall verursachende Person muss ein besonders schwerer Vorwurf treffen, weshalb eine Belastung der versicherten Gemeinschaft nicht zu vertreten wäre.[121]

3.1.2 Wäre der Schaden auch bei rechtmäßiger Aufsichtsführung eingetreten? (Kausalität)

Im Rahmen der Prüfung einer möglichen Schadenshaftung kommt der Frage nach dem Vorliegen eines Ursachenzusammenhangs zwischen der unterlassenen Aufsichtshandlung einerseits und dem eingetretenen Schaden andererseits eine große Bedeutung zu. Um was geht es dabei genau? Lassen Sie uns dazu einen kurzen gedanklichen Exkurs machen: Stellen wir uns Hafenarbeiter H vor, der mit seinem Kran ein Schiff mit Schrott beladen soll. Um Zeit zu sparen, lässt er die Ladung vorschriftswidrig aus etwa 10 m

Höhe in den Schiffsladeraum fallen, woraufhin das Schiff einknickt und sinkt. Als der Schiffseigentümer Schadensersatzansprüche geltend macht, beruft sich H darauf, dass das Schiff bereits zuvor durch Dritte falsch beladen worden sei und es auch dann gesunken wäre, wenn er die Ladung vorschriftsmäßig unmittelbar über dem Schiffsboden abgelassen hätte.[122]

Unser Rechtsgefühl würde doch vermutlich eine Haftung des H für unbillig erachten, denn warum sollte er für einen Schaden einstehen, der selbst dann eingetreten wäre, wenn er sich rechtmäßig verhalten hätte? Das hier aufgerissene Problem betrifft juristisch gesprochen die Frage nach der Kausalität: Damit es zu einer Haftung kommt, muss die pflichtwidrige Handlung grundsätzlich kausal für die Rechtsgutsverletzung geworden sein, es muss also einen zwingenden Ursachenzusammenhang zwischen der unterlassenen Aufsichtshandlung und dem eingetretenen Schaden geben. An diesem fehlt es zumindest jedoch immer dann, wenn der Schaden auch bei einem rechtmäßigen Alternativverhalten eingetreten wäre. In unserem Fall der falschen Schiffbeladung erklärt dazu der BGH: „Es widerspräche auch Treu und Glauben und einer angemessenen Risikoverteilung, wenn hier dem Eigentümer die Verantwortlichkeit für die mangelnde Eignung des Schiffes, in verkehrsüblicher Weise Ladegut aufzunehmen, abgenommen würde und er den Schaden auf den Belader abwälzen könnte, nur weil dieser zufällig einen Fehler gemacht hat, der sich gar nicht besonders ausgewirkt hat, sondern ein Schaden entstanden ist, der auch durch fehlerfreie Arbeitsweise nicht hätte vermieden werden können. [...] Die Haftung für das pflichtwidrige Verhalten des Greiferführers [...] entfällt allerdings nur dann, wenn feststeht, dass der Schaden auch bei einer noch als sachgemäß anzusehenden Beladung eingetreten wäre. Hierfür tragen die Beklagten, die diese Einwendung erheben, die Darlegungs- und Beweislast."[123]

Im Rahmen der Feststellung der notwendigen Kausalität würde ein Richter also überprüfen, ob der Schaden auch bei einer rechtmäßigen Aufsichtshandlung eingetreten wäre, wobei er als Maßstab auf eine an Sicherheit grenzende Wahrscheinlichkeit abstellen muss. Die bloße Möglichkeit oder nur eine gewisse Wahrscheinlichkeit für einen Schadenseintritt genügen nicht.[124]

Als Herr und Frau X am Gebäude einer Hauptschule vorbeifahren, wird ihr Pkw vom Schulgelände aus mit Kastanien beworfen, die das Fahrzeug des Ehepaares beschädigen. Die Geschädigten verklagen die Schule auf Schadenersatz mit der Begründung, das Lehrpersonal, das sich während des Vorfalls im hinteren Bereich des Schulgeländes aufhielt, sei seiner Aufsichtspflicht während der Pause nicht genügend nachgekommen.

Diesen Fall haben wir bereits weiter oben kennengelernt, als die Aufsichtsführung auf dem Schulhof während der Pause im Vordergrund stand. Zur Erinnerung: Das LG Aachen hat festgestellt, dass die Lehrkräfte nicht verpflichtet gewesen wären, auch den vorderen Bereich des Schulgeländes unter ständiger und dauernder Aufsicht zu halten. Allein der Umstand, dass auf dem Schulgrundstück eine Kastanie steht und eine öffentliche Straße daran vorbeiführt, begründe noch kein gesteigertes Gefahrenpotential und somit keinen besonderen Aufsichtsanlass.

Das Gericht geht aber auch auf das Vorliegen der notwendigen Kausalität näher ein: „Aber selbst wenn man annimmt, es sei im Bereich des Kastanienbaums eine besondere Aufsicht erforderlich gewesen, steht damit noch nicht fest, dass es dann nicht zu dem Vorfall gekommen wäre. […] Es entspricht nämlich der Lebenserfahrung und kann nicht ausgeschlossen werden, dass ein Kind schnell zu einem Stein oder – wie hier – einer Kastanie greift und über das Schulgelände hinauswirft. Ein derartiges Ereignis spielt sich regelmäßig so schnell ab, dass ein Eingreifen selbst einer im Bereich des Kastanienbaums befindlichen Aufsichtsperson nicht rechtzeitig möglich gewesen wäre. Unter diesen Umständen fehlt es auch an dem erforderlichen Ursachenzusammenhang zwischen einer – in diesem Zusammenhang unterstellten – Verletzung der Aufsichtspflicht und dem Schadenseintritt."[125]

PRAXIS BEISPIEL Schülerin S fährt mit ihrer Klasse auf eine fünftägige Ski-Freizeit. Die Skiausrüstung wird von einem gewerblichen Verleiher entgeltlich zur Verfügung gestellt. Am Nachmittag des dritten Tages möchte S während ihrer Freizeit die Dinge trainieren, die sie in den zwei Tagen zuvor sowie noch am Vormittag im Rahmen des Ski-Unterricht gelernt hat. Als sie über eine Schanze fährt, löst sich die Bindung an ihrem linken Ski. Bei ihrem Sturz zieht sie sich u. a. einen Schien- und Wadenbeinbruch sowie einen Muskelriss am linken Unterschenkel zu. Der Schullehrer hatte sich rund 30 Minuten zuvor mit den meisten der Mitschüler für eine Mittagspause von dem Skihang entfernt, der Schülerin S jedoch die Weiterfahrt gestattet.

Das LG Augsburg stellte zunächst einmal fest, dass der Sportlehrer seine Aufsichtspflicht verletzt hat: Bei den Trainings- bzw. Fahreinheiten in einem überschaubaren Areal sei es grundsätzlich nicht erforderlich, eine lückenlose Aufsicht mit durchgehendem Blick- und Sichtkontakt sicherzustellen. Es hätte vielmehr ausgereicht, wenn der aufsichtführende Sportlehrer die Schulkinder aus einer angemessenen Entfernung bei ihren Fahrversuchen beobachtet und so beaufsichtigt. Diesen Anforderungen sei der Lehrer im vorliegenden Fall aber nicht nachgekommen, da er sich für rund 30 Minuten zum Mittagessen in einem 80 Meter entfernten Restaurant befunden habe. Ob der Fall anders zu beurteilen gewesen wäre, wenn man von dem Gastraum aus eine uneingeschränkte Sicht auf den Skihang gehabt hätte, konnte das Gericht offen lassen, da einerseits der Sportlehrer erklärte, den Skihang während der Mittagspause gerade nicht eingesehen zu haben, und andererseits die „Durchführungshinweise zu Schülerfahrten" des Bayerischen Staatsministeriums für Unterricht und Kultus die Anwesenheit der Lehrkräfte bei den Übungseinheiten erfordern.[126]

Im Anschluss prüfte das Gericht die notwendige Kausalität zwischen der festgestellten Aufsichtspflichtverletzung einerseits und dem eingetretenen Schaden durch die gelöste Bindung andererseits. Und mit Ihrem jetzigen Wissen zu diesem Themenbereich, liebe Kolleginnen und Kollegen, erahnen Sie vielleicht schon das Ergebnis: genau – es fehlt an der erforderlichen Kausalität! Die Bindung an dem Ski hätte sich nämlich mit hoher Wahrscheinlichkeit auch gelöst, wenn der Sportlehrer vor Ort bei der Schülerin gewesen wäre und seine Aufsichtspflicht ordnungsgemäß erfüllt hätte. Die Schülerin habe den Hügel weder besonders schnell mit einer erhöhten Belastung für die Bindungen überfahren, noch wäre von dem Skihügel selbst eine besondere Gefahr ausgegangen, sodass auch ein anwesender Sportlehrer keine Belehrungen oder Fahrverbote ausgesprochen hätte, um einen drohenden Unfall abzuwenden. Auch hätte eine Lehrkraft vor Ort nicht das Überfahren der Schanze verbieten müssen:

„Es ist aus Sicht des Gerichts kein Grund ersichtlich, warum man – eine Aufsicht durch einen Schullehrer unterstellt – Schüler, die […] gut kontrolliert fahren konnten, nach dem dritten Skiunterrichtstag nicht auch über kleinere Gefahrenhügel fahren lassen sollte. Dies erst Recht, wenn die Schanzen, wie der Zeuge G. glaubhaft berichtete, im offiziellen Skiunterricht bereits befahren wurden. Hieran erinnerte sich der Zeuge G. auch insoweit, als die Anleitung hinsichtlich des Überfahrens durch zwei Sportstudenten erfolgte. Letztlich gehört ‚Hindernisse zu überfahren' gerade zu einer Ski-Ausbildung dazu, zumal die Gefahr aufgrund der flachen Neigung, äußerst gering ist. Letztlich bleibt auch die Erkenntnis, dass Skifahren gewisse Gefahren mit sich bringt, die nicht hundertprozentig ausgeschlossen werden können. […] Unter Berücksichtigung dieser Umstände ist das Gericht zu der Überzeugung gelangt, dass – selbst bei ordnungsgemäßer Aufsicht – der verfahrensgegenständliche Unfall ebenso geschehen wäre. Weder der Kläger selbst noch die Zeugen haben von einer übermäßigen Geschwindigkeit des Klägers bei Überfahren der Hügel – oder im Vorfeld – berichtet, sodass eine anwesende Aufsichtsperson auch nicht hätte eingreifen müssen."[127]

3.1.3 Soll der Geschädigte überhaupt durch die Aufsichtspflicht geschützt werden? (Drittbezogenheit der Aufsichtspflicht)

PRAXIS BEISPIEL G betreibt ein Sanitärunternehmen. Er parkt sein Fahrzeug im Eingangsbereich eines Schulgebäudes, in dem er einen Wasserschaden beseitigen soll. In dem Schulgebäude befindet sich auch eine Kindertagesstätte, deren 20 × 25 Meter großer Außenbereich mit einem Gittermattenzaun aus Metall eingezäunt ist. An diesem Tag ist eine aus acht Kindern bestehende Gruppe der Tagesstätte unter der Leitung einer Erzieherin mit Gartenarbeiten beschäftigt. Drei Kinder entfernen sich von dieser Gruppe und werfen mehrere Kieselsteine, die als Ziersteine um das Gebäude der Tagesstätte liegen, auf das Fahrzeug von G, das etwa zwei Meter von dem Außenbereich der Tagesstätte entfernt steht.

Die Frage nach der Drittbezogenheit der verletzten Amtspflicht verfolgt das Ziel, die Schadenshaftung angemessen zu begrenzen. Für einen Amtshaftungsanspruch reicht es nämlich nicht aus, dass jemand „einfach nur so" von einer Amtspflichtverletzung nachteilig betroffen ist. Entscheidend ist vielmehr, dass die jeweilige Amtspflicht gerade auch den Geschädigten schützen will und dass sein konkret betroffenes Interesse von dieser Amtspflicht umfasst ist.[128] Anders formuliert: Sollte durch die vorzunehmende Amtspflichthandlung gerade das Eintreten eines derartigen Schadens vermieden werden?

Die Prüfung der Drittbezogenheit ist immer so lange unproblematisch, wie die geschädigte Person aus dem Schulbereich stammt. Die Aufsichtspflicht der Lehrkräfte verfolgt ja im Kern das Ziel, Schülerinnen und Schüler vor Schäden zu schützen. Wie ist es aber, wenn der Geschädigte wie in dem Ausgangsfall eine schulfremde Person ist? Soll die Aufsichtspflicht auch sie vor jeglichen Schäden bewahren?

Die Antwort darauf fiel für Schäden in Folge von Steinwürfen o. Ä. von Schulgrundstücken lange Zeit unterschiedlich aus. Manche Gerichte wie das OLG Celle lehnten Aufsichtspflichtverletzung ab, weil der allgemeine Straßenverkehr nicht zum Schutzbereich der schulischen Aufsichtspflicht zählt:

„Dass der allgemeine Verkehr von der Aufsichtspflicht der Schule ebenfalls profitiert, ist lediglich eine günstige Reflexwirkung. Die Schule hat eine Fürsorgepflicht für ihre Schüler. Ihre Aufgabe ist es nicht, allgemein für die Sicherheit des Straßenverkehrs Sorge zu tragen."[129]

Der BGH hat hingegen in unserem Ausgangsfall richtigerweise entschieden, dass auch solche Schäden vom Schutzzweck der Norm erfasst werden – eine genauere Begründung dafür liefert er allerdings nicht.

3.1.4 Wurde die Aufsichtspflicht vorsätzlich oder fahrlässig verletzt? (Verschulden)

Der Amtshaftungsanspruch setzt schließlich voraus, dass die Amtspflicht – in unserem Fall die Pflicht zur ordnungsgemäßen Aufsichtsführung – vorsätzlich oder fahrlässig verletzt wurde. Vorsatz und Fahrlässigkeit sind zwei grundlegende Rechtsbegriffe, die den Grad des Verschuldens konkretisieren. Die Feststellung dieses Verschuldensgrads ist dabei nicht nur von rein theoretischem Interesse, denn nur bei einer grob fahrlässigen oder vorsätzlichen Amtspflichtverletzung muss die Lehrkraft mit einer persönlichen Haftung rechnen, in allen anderen Fällen erfolgt die Haftung gem. Art. 34 S. 2 GG durch den Staat (vgl. unter 5.3).

Fahrlässigkeit

Fahrlässig handelt nach § 276 Abs. 2 BGB derjenige, der die im Verkehr erforderliche Sorgfalt außer Acht lässt. Dabei ist auf diejenigen Kenntnisse und Fähigkeiten abzustellen, die für die Führung des übernommenen Amtes im Durchschnitt erforderlich sind. Es gilt mithin ein objektiv-abstrakter Sorgfaltsmaßstab, der sich am Bild des pflichtgetreuen Durchschnittsbeamten bzw. des durchschnittlich kundigen und befähigten Mitarbeiters ausrichtet.[130]

Für eine persönliche Haftung der Lehrkraft ist die Frage entscheidend, ob man den Vorwurf der *groben Fahrlässigkeit* erheben kann: Dieser Grad der Fahrlässigkeit ist nach ständiger Rechtsprechung immer dann gegeben, wenn die im Verkehr erforderliche Sorgfalt in ungewöhnlich hohem Maße verletzt wurde. Der Handelnde muss dasjenige unbeachtet gelassen haben, was im gegebenen Fall jedem anderen hätte einleuchten müssen.[131] Für die Bestimmung der groben Fahrlässigkeit stellen die Gerichte nicht nur auf den objektiven Maßstab ab, sondern sie ziehen auch subjektive Gesichtspunkte heran: „Grobe Fahrlässigkeit setzt einen objektiv schweren und subjektiv nicht entschuldbaren Verstoß gegen die Anforderungen der im Verkehr erforderlichen Sorgfalt voraus. [...] Ein objektiv grober Pflichtenverstoß rechtfertigt für sich allein noch nicht den Schluss auf ein entsprechend gesteigertes personales Verschulden, nur weil ein solches häufig damit einherzugehen pflegt."[132]

Hinzukommen muss vielmehr auch eine subjektiv schlechthin unentschuldbare Pflichtverletzung, die das in § 276 Abs. 2 BGB bestimmte Maß erheblich überschreitet.

Vorsatz

Kommen wir zum Vorsatz: Es gibt ihn – genau wie die Fahrlässigkeit – in verschiedenen Spielarten, auf die hier nicht in aller Ausführlichkeit eingegangen werden soll. Entscheidend ist vielmehr Folgendes: Während der Handelnde bei der groben Fahrlässigkeit darauf vertraut, dass sein Verhalten schon kein Verstoß gegen eine Amtspflicht darstellt, rechnet er bei vorsätzlichem Verhalten zumindest mit der Möglichkeit eines Verstoßes gegen eine bestehende Amtspflicht und nimmt diese Pflichtverletzung billigend in Kauf *(bedingter Vorsatz).* Setzt er sich bewusst über Gesetzesbestimmungen oder sonstige seine Amtspflichten regelnde Vorschriften hinweg, dann spricht man vom *direkten Vorsatz.* Vorsätzliches Handeln kann dabei immer nur dann vorliegen, wenn sich die handelnde Person gerade auch der *Rechtswidrigkeit* ihres Handelns bewusst war. Verdeutlichen wir uns das an einem Fall, der ausnahmsweise nicht in einer Schule spielt (zumindest nicht in den uns vertrauten):

PRAXIS BEISPIEL

Bei einer polizeilichen Übung ordnet Ausbilder A gegenüber seinen Schülern an, auf die Anlegung individueller Schutzausrüstung zu verzichten. A weiß zwar, dass eine Polizeidienstvorschrift das Tragen von Schutzausrüstung in bestimmten Übungsfällen vorsieht, allerdings hält er die Sicherheitsrichtlinien im vorliegenden Fall aufgrund der Art der Übung nicht für einschlägig. Nachdem die Übung begonnen hat, wird Polizeischüler P von einem versehentlich abgefeuerten Farbmarkierungsgeschoss am Kopf getroffen und erleidet eine Verletzung des rechten Auges.

Das OLG Hamm lehnte hier eine vorsätzliche Amtspflichtverletzung durch den Ausbilder ab, da er sich nicht wissentlich über eine Dienstpflicht hinweggesetzt habe: „Zum Vorsatz gehört nicht nur die Kenntnis der Tatsachen, aus denen die Pflichtverletzung sich objektiv ergibt, sondern auch das Bewusstsein der Pflichtwidrigkeit, d. h. das Bewusstsein, gegen die Amtspflicht zu verstoßen. Zumindest muss der Amtsträger mit der Möglichkeit eines solchen Verstoßes rechnen und diesen billigend in Kauf nehmen […]. Im Ergebnis der Beweisaufnahme sei zwar davon auszugehen, dass die Zeugen die entsprechenden Vorschriften kannten, aus denen sich die hier verletzte Pflicht ergäbe, für einen ausreichenden individuellen Schutz der Übungsteilnehmer Sorge zu tragen. Gleichwohl könne […] nicht festgestellt werden, dass sie sich bei der Planung und Durchführung der Übung bewusst über diese hinwegsetzen wollten. […] Die Zeugen hätten nachvollziehbar dargestellt, weshalb sie bei dieser Einschätzung und den von ihnen getroffenen – wenn auch tatsächlich nicht ausreichenden – Sicherheitsvorkehrungen in gutem Glauben waren, bei der Planung und Genehmigung der Übung im Rahmen der geltenden Vorschriften zu handeln."[133]

Es ist abschließend noch einmal wichtig hervorzuheben, dass sich die Prüfung des Verschuldens im Rahmen der Amtshaftung immer nur auf die Verletzung einer Amtspflicht bezieht. Dass die handelnde Person darüber hinaus auch einen Personen- oder Sachschaden hervorrufen will oder zumindest bereit ist, diesen billigend in Kauf zu nehmen, ist für die Bejahung eines Amtshaftungsanspruchs nicht weiter erforderlich. Insoweit unterscheidet sich der Begriff des Vorsatzes in §§ 839 Abs. 1, 276 BGB von dem der Gesetzlichen Unfallversicherung in §§ 104ff. SGB VII.

3.2 Wer muss die Haftungsvoraussetzungen beweisen?

Werden Schadensersatzansprüche gegen Erziehungsberechtigte geltend gemacht, weil ihr Kind fremdes Eigentum beschädigt hat, sieht § 832 BGB eine Beweislastumkehr vor, d. h., die Eltern müssen nachweisen, dass sie ihrer Aufsichtspflicht genügt haben. Können sie das nicht, geht das zu ihren Lasten und die Vermutung spricht dafür, dass sie ihre Aufsichtspflicht verletzt haben. Fraglich ist nun, ob diese Beweislastregel ausnahmsweise auch bei öffentlich-rechtlichen Aufsichtsverhältnissen Anwendung finden soll, denn eigentlich sieht der Amtshaftungsanspruch dieses nicht so vor.

Mit guten Gründen hat der BGH seine alte Rechtsprechung aufgegeben und die besondere Beweislastregel aus § 832 BGB zumindest auch auf öffentlich-rechtliche Aufsichtsverhältnisse übertragen.[134] Erleidet z. B. der Eigentümer eines PKW einen Schaden, weil Schüler Steine von einem Schulgrundstück auf sein Fahrzeug werfen, dann kann und darf es doch keinen Unterschied machen, ob die Schule in privater oder in staatlicher Hand ist. Andernfalls wäre der PKW-Eigentümer bei einer privaten Schule besser gestellt, da er eine mögliche Aufsichtspflichtverletzung nicht beweisen müsste, wohingegen er bei einer staatlichen Schule das Risiko trüge, die Aufsichtspflichtverletzung nicht nachweisen zu können.

3.3 Rechtsfolgen: primäre Haftung des Staates und möglicher Regress

Die gute Nachricht gleich vorweg: Ergibt sich nach der Prüfung der vier vorherigen Fragen, dass eine Lehrkraft tatsächlich für einen eingetretenen Schaden verantwortlich ist, so richtet sich dieser Amtshaftungsanspruch gem. Art. 34 GG i. V. m. § 839 Abs. 1 BGB zunächst einmal gegen die jeweilige Anstellungskörperschaft bzw. bei Beschäftigten gegen den Arbeitgeber.

Das sind in den allermeisten Bundesländern die Länder selbst (z. B. Niedersachsen) oder auch die Gemeinden (z. B. Stadtgemeinde Bremerhaven im Bundesland Bremen). Mit anderen Worten: Zahlungsansprüche einer geschädigten Person werden zunächst einmal immer von der jeweiligen Anstellungskörperschaft bzw. dem Arbeitgeber ausgeglichen. Und nur, wenn der Lehrer vorsätzlich oder grob fahrlässig seine Dienstpflicht verletzt hat, kann ein Regress bei ihm erfolgen.

3.4 Dienst- bzw. arbeitsrechtliche Folgen

PRAXIS BEISPIEL Der beschäftigte Lehrer T gibt Vertretungsunterricht in der Klasse 6d. Schüler M, der die ganze Zeit Mandarinen isst, weigert sich, die Schalen in den Mülleimer zu entsorgen. Als sich die Stimmung zwischen T und den Schülern „aufschaukelt", schließt T kurzerhand den Klassenraum von außen ab und begibt sich zum Schulleiter, um ihn um Hilfe zu bitten. Das Personalamt vertritt die Ansicht, T habe seine Aufsichtspflicht verletzt, weshalb gegen ihn eine Abmahnung ausgesprochen werden soll.

3.4.1 Beamtinnen und Beamte

Viel größere Praxisrelevanz haben die dienstrechtlichen Folgen einer Aufsichtspflichtverletzung. Hat ein Lehrer ein solches Dienstvergehen begangen, so kann gegen ihn eine *Disziplinarmaßnahme* verhängt werden. Ziel einer Disziplinarmaßnahme ist es, die Integrität und die Leistungsfähigkeit des öffentlichen Dienstes zu erhalten[135], im Gegensatz zum Ziel des Strafrechts, das Besserung, Abschreckung und zugleich Sühne für die begangene Tat bezweckt. Als Maßnahmen kommen in der Regel (in aufsteigender Form) in Betracht: Verweis, Geldbuße, Gehaltskürzung, Versetzung in ein Amt derselben Laufbahn mit geringerem Endgrundgehalt (Rangherabsetzung, Degradierung) und Entfernung aus dem Dienst. Den Verweis und die Geldbuße kann der Dienstvorgesetzte im Rahmen seiner Disziplinarbefugnis durch eine Disziplinarverfügung aussprechen (sog. *nichtförmliches Verfahren*). Für schwerwiegende Maßnahmen ist dagegen ein Gerichtsverfahren notwendig (sog. *förmliches Disziplinarverfahren*).

3.4.2 Beschäftigte

Anders sieht die Situation aus, wenn beschäftigte Lehrer eine Aufsichtspflichtverletzung begehen. Bei ihnen besteht kein beamtenrechtliches Dienstverhältnis, sondern ein Arbeitsvertrag. Verletzt ein beschäftigter Lehrer seine Aufsichtspflicht, verstößt er gegen seine arbeitsvertraglichen Pflichten. Anders als das Beamtenrecht kennt das Arbeitsrecht allerdings keine Disziplinarmaßnahmen. Dem Arbeitsgeber steht hier nur eine begrenzte Anzahl von Maßnahmen zur Verfügung. Dazu zählen die *Belehrung*, die *Abmahnung* und die *ordentliche oder die außerordentliche Kündigung* des Arbeitsverhältnisses. Wann nun die eine oder andere Maßnahme angezeigt ist, hängt insbesondere von der Schwere des Pflichtenverstoßes ab. Auch hier gilt es zu beachten, dass die arbeitsrechtliche Sanktion dem Grundsatz der Verhältnismäßigkeit entsprechen muss.

In dem *Beispielsfall* hielt das ArbG Düsseldorf die Abmahnung für rechtmäßig, da das Einschließen der Schüler eine Aufsichtspflichtverletzung darstellt. Dafür spräche u. a. der Umstand, „dass in einer Notsituation Hilfe nicht genauso schnell herbeigerufen werden konnte. Ist eine Tür nicht abgeschlossen, können Dritte bei Hilferufen einfach von draußen eintreten. Der abgeschlossene Bühnensaal war dagegen nur von Lehrern mit einem Schlüssel betretbar. Auch durch den Notausgang hätten Dritte nicht zur Hilfe herbeikommen können. Beim plötzlichen Eintritt einer kritischen Situation hätten die eingeschlossenen Schüler nur schwer Hilfe herbeiholen können. Notsituationen können dabei nicht nur aufgrund der zu erwartenden Aggressionen eintreten, sondern auch aus anderen in der Abmahnung genannten Gründen wie einer Übelkeit oder einem Brand."[136]

3.5 Strafrechtliche Folgen

Eine Aufsichtspflichtverletzung kann schließlich auch strafrechtliche Folgen nach sich ziehen. Von den verschiedenen Straftatbeständen, die im Zusammenhang mit schulischen Aufsichtspflichtverletzungen verwirklicht sein können, sollen hier jedoch nur einige wenige thematisiert werden.

3.5.1 Fahrlässige Körperverletzung (§ 229 StGB)

Sehr häufig wird es bei dem zu bewertenden Verhalten der Lehrkraft um die Frage einer Strafbarkeit wegen *fahrlässiger Körperverletzung (§229 StGB)* gehen. Zwar hat die Lehrkraft bei der Verletzung ihrer Aufsichtspflicht nicht aktiv gehandelt. Zur Verwirklichung des Straftatbestandes reicht aber schon ein Unterlassen aus, wenn die betreffende Person zu einem Handeln verpflichtet war. Es handelt sich in diesen Fällen um ein sog. *unechtes Unterlassensdelikt* (§ 13 StGB). Diese sog. *Garantenstellung* ergibt sich für Lehrkräfte aus der Dienstpflicht, Aufsicht zu führen, um von den Schülern Schaden abzuwehren bzw. abzuwenden. Sollte eine fahrlässige Körperverletzung durch die Verletzung einer Aufsichtspflicht tatsächlich tatbestandlich vorliegen, so setzt die Verfolgung der Tat durch die Strafverfolgungsbehörden einen Strafantrag binnen einer Frist von drei Monaten durch den Verletzten, also den Schüler bzw. dessen Erziehungsberechtigten, voraus. Nur wenn ein besonderes öffentliches Interesse besteht, werden die Strafverfolgungsbehörden von sich aus tätig, wenn sie es für geboten halten. Das scheitert meistens daran, dass diesen Behörden der Sachverhalt nicht bekannt oder dass der Sachverhalt nicht als einschreitenswürdig eingestuft wird.

3.5.2 Fahrlässige Tötung (§ 222 StGB)

Ein weiterer – wenn auch in der Praxis eher selten – durch eine Aufsichtspflichtverletzung verwirklichter Straftatbestand ist die *fahrlässige Tötung* (§ 222 StGB). Eine Strafbarkeit kommt dann in Betracht, wenn eine Lehrkraft ihre Aufsichtspflicht verletzt hat und hierdurch ein Schüler zu Tode kommt.

PRAXIS BEISPIEL Schüler einer 7. Klasse reinigen auf Anweisung ihres Lehrers die Tische und Schränke im Klassenraum mit einem Reinigungsmittel, welches ihnen zuvor von dem Hausmeistergehilfen ausgehändigt worden war. Der Lehrer glaubte, es handele sich um ein ungefährliches Mittel, welches bereits zuvor in der Parallelklasse eingesetzt worden war. Auch glaubte er, dass das Mittel dem zur Abholung geschickten Schüler von dem Hausmeister ausgehändigt worden war. Tatsächlich handelt es sich um ein leicht entzündliches Reinigungsmittel, das auf einer Seite des 20-l-Blechkanisters auch als leicht entzündlich ausgewiesen ist. Die Warnhinweise an der Seite des Kanisters bemerkt der Lehrer nicht. Während der Reinigungsarbeiten entzündet eines der Kinder unmittelbar neben dem Kanister ein Feuer. Bei der folgenden Verpuffung erleiden acht Schüler erhebliche Verletzungen. Ein Kind stirbt später an seinen Verletzungen.

Das Gericht hat hier neben dem Straftatbestand der fahrlässigen Körperverletzung auch eine fahrlässige Tötung angenommen:

„Der Umstand, dass ein 20-l-Blechkanister herangeschafft wurde, war […] so ungewöhnlich, dass sich der Lehrer den silberfarbenen Kanister näher hätte ansehen müssen. […] Hätte er dies getan, so wären ihm die Warnhinweise auf dem Aufkleber auf der Vorderseite des Kanisters aufgefallen. Bei Kenntnis dieser Warnhinweise hätte die Entscheidung des Lehrers nur dahin gehen dürfen, das hochgefährliche Lösungsmittel nicht seinen Schülern zur Verfügung zu stellen. Dies galt um so mehr, als eine Dosierung geringer Mengen durch die Schüler aufgrund der Beschaffenheit der Ausgussöffnung des Kanisters nicht gewährleistet war und damit ein unkontrolliertes Austreten und Verschütten größerer Mengen des Lösungsmittels aus dem Kanister nicht sicher zu verhindern war […] Dem Fahrlässigkeitsvorwurf gegenüber dem Angeklagten steht auch nicht entgegen, dass letztlich erst das Hantieren eines Kindes mit einem Feuerzeug die Entzündung des explosiven Gas-/Luftgemisches ausgelöst hat, weil das Spielen mit einem Feuerzeug gerade durch 12- bis 15-jährige Schüler auch während einer Übungsstunde nicht so gänzlich außergewöhnlich ist, dass es für den Lehrer gänzlich unvorhersehbar war. […] Indem der Angeklagte zur Durchführung der Reinigung die Schüler das Lösungsmittel aus dem 20-l-Kanister verwenden ließ, hat er die Sorgfalt, zu der er nach den Umständen und nach seinen persönlichen Kenntnissen und Fähigkeiten verpflichtet und imstande war, außer Acht gelassen."[137]

L hat Pausenaufsicht. Zu dieser Zeit fährt auch ein städtisches Kehrfahrzeug auf den Schulhof. Beim Rückwärtsfahren erfasst das Fahrzeug den 7-jährigen B und verletzt ihn tödlich. Gegen L wird ein Strafverfahren wegen fahrlässiger Tötung eingeleitet.

Damit eine Strafbarkeit bejaht werden kann, ist vor allem die objektive Zurechenbarkeit des Todes ein entscheidendes Kriterium, d. h., die Vornahme der gebotenen Aufsichtspflicht in der konkreten Gefahrensituation hätte mit an Sicherheit grenzender Wahrscheinlichkeit zur Vermeidung des Todes führen müssen. Genau auf diese Frage kommt es auch in dem *Beispielsfall* an: Es müsste für das Gericht mit an Sicherheit grenzender Wahrscheinlichkeit feststehen, dass eine unterlassene Aufsichtshandlung den Tod des Schülers verhindert hätte.

3.5.3 Körperverletzung im Amt (§ 340 StGB)

Eine vorsätzliche *Körperverletzung im Amt (§ 340 StGB)* durch eine Aufsichtspflichtverletzung wird regelmäßig ausscheiden, da der Lehrer dazu nicht nur die Aufsichtspflichtverletzung billigend in Kauf genommen haben, sondern darüber hinaus auch mit der Körperverletzung des Schülers „einverstanden" gewesen sein müsste. Ein denkbarer Fall läge etwa vor, wenn der Lehrer einen Schüler körperlich züchtigt. Der Straftatbestand des § 340 StGB ist ein sog. *Qualifikationstatbestand* zum „normalen" Tatbestand der *vorsätzlichen Körperverletzung* (§ 223 StGB). Die Besonderheit ist, dass bei § 340 StGB ein Amtsträger (z. B. Beamter) in Ausübung seines Dienstes eine Körperverletzung begeht oder begehen lässt. Der Strafrahmen wird durch § 340 StGB im Verhältnis zu § 223 StGB verschärft. Ein solcher Verstoß wird mit Freiheitsstrafe von drei Monaten bis zu fünf Jahren geahndet, § 223 StGB dagegen „nur" mit Freiheitsstrafe bis zu fünf Jahren oder mit Geldstrafe.

Erste-Hilfe-Leistung durch Lehrkräfte

Es mag überraschen, dass dieses Buch mit Ausführungen zur Ersten Hilfe endet, schließlich handelt es sich bei § 323c StGB um eine Pflicht, die grundsätzlich jeden Bürger trifft („Jedermannpflicht"). Für Lehrkräfte gilt jedoch etwas Besonderes: Die Pflicht zur Vornahme von Erste-Hilfe-Maßnahmen ist für sie ein Teil ihrer Dienstpflicht, welche neben der Pflicht zur ordnungsgemäßen Aufsicht steht. Das hat weitreichende Konsequenzen, da insbesondere die Haftungserleichterungen für sonstige „Nothelfer" für sie keine Anwendung finden.

PRAXIS BEISPIEL

Schüler S nimmt am Grundkurs Sport der Jahrgangsstufe 13 teil, der von der Sportlehrerin H geleitet wird. Etwa fünf Minuten nach Beginn des Aufwärmtrainings hört er auf zu laufen, stellt sich an die rechte Seite eines Garagentores in der Sporthalle und erklärt, er habe Kopfschmerzen. Er fasst sich an den Kopf, sein Gesicht wird blass. Er rutscht sodann an der Wand entlang in eine Sitzposition. Darauf werden die beiden Mitschülerinnen A und B aufmerksam, die sofort zu S eilen. Sportlehrerin H befindet sich zu diesem Zeitpunkt auf der linken Seite des Garagentores und Sportlehrer K, der später herbeigerufen wird, mit seinem Kurs in einem anderen, mit einem Vorhang abgetrennten Hallensegment. Um 15.27 Uhr geht der von der Lehrerin H ausgelöste Notruf bei der Rettungsleitstelle ein. Sie wird gefragt, ob Schüler S noch atme. Sie befragt dazu ihre Schüler; die Antwort ist streitig. Sie erhält sodann von der Leitstelle die Anweisung, den Kläger in die stabile Seitenlage zu verbringen. Der Rettungswagen trifft um 15.32 Uhr, der Notarzt um 15.35 Uhr ein. Die Sanitäter und der Notarzt beginnen sofort mit Wiederbelebungsmaßnahmen, die ungefähr 45 Minuten dauerten. Anschließend wird Schüler S in eine Klinik verbracht. Im dortigen Bericht ist vermerkt: „Beim Eintreffen des Notarztes bereits 8-minütige Bewusstlosigkeit ohne jegliche Laienreanimation." Es wird ein hypoxischer Hirnschaden nach Kammerflimmern diagnostiziert, wobei die Genese unklar ist. Während der stationären Behandlung ergeben sich weitere – teils lebensgefährliche – Erkrankungen. Seit dem Vorfall ist S zu 100% schwerbehindert. Die Eltern von S machen daraufhin Amtshaftungsansprüche wegen unzureichender Erste-Hilfe-Maßnahmen durch die beiden Sportlehrer H und K geltend, da diese ihren Sohn nach dem erlittenen Zusammenbruch nicht rechtzeitig reanimiert hätten.

Gewiss haben wir hier einen Fall, den so oder ähnlich wohl kein Kollege erleben möchte! Um die rechtlichen Besonderheiten von Erste-Hilfe-Maßnahmen für Lehrkräfte nachvollziehen zu können, müssen wir uns kurz den *Regelfall* vergegenwärtigen:

4.1 Pflicht zur Ersten Hilfe als „Jedermannpflicht"

Muss ein Bürger aufgrund eines Notfalls (z. B. Verkehrsunfall) Erste Hilfe leisten und ist das Opfer nicht ansprechbar, so gilt für ihn die Haftungserleichterung aus § 680 BGB, wonach er nur für solche Schäden beim Opfer einzustehen hat, die aus vorsätzlichem oder grob fahrlässigem Verhalten herrühren: „Nach Sinn und Zweck von § 680 BGB soll der potentielle Geschäftsführer in Augenblicken dringender Gefahr zur Hilfeleistung ermutigt werden, weil dies auch im allgemeinen Interesse erwünscht und nach § 323c StGB unter Umständen sogar gefordert ist. Die Vorschrift des § 680 BGB will also denjenigen schützen und in gewissem Umfang vor eigenen Verlusten bewahren, der sich zu spontaner Hilfe entschließt. Sie berücksichtigt, dass wegen der in Gefahrensituationen geforderten schnellen Entscheidung ein ruhiges und überlegtes Abwägen ausgeschlossen ist und es sehr leicht zu einem Sichvergreifen in den Mitteln der Hilfe kommen kann […]."[138]

Macht also das Opfer im Anschluss an einen Erste-Hilfe-Einsatz Schadensersatzansprüche gegen den Ersthelfer geltend, weil dieser ihm z. B. bei den Wiederbelebungsmaßnahmen verschiedene Rippen gebrochen hat, dann haftet der Ersthelfer nur bei vorsätzlichem oder grob fahrlässigem Handeln. Selbiger Verschuldensmaßstab gilt, wenn das Opfer ansprechbar gewesen ist, um Hilfe bittet und es dann zu einem Schaden kommt (§ 662 BGB i. V. m. § 680 BGB analog). Aufgrund der besonderen Umstände des Notfalls wird vorsätzliches oder grob fahrlässiges Handeln des Nothelfers von den Gerichten aber nur selten angenommen (Beispiel: Trotz bestehender Möglichkeit unterlässt es ein Ersthelfer, die Unfallstelle mit einem Warndreieck abzusichern, wodurch es zu weiteren Personenschäden kommt).

4.2 Pflicht zur Ersten Hilfe als Amtspflicht der Lehrkräfte

Dieser abgeschwächte Verschuldensmaßstab findet aber keine Anwendung auf *professionelle Nothelfer* wie Feuerwehrleute, medizinisches Fachpersonal usw., bei denen es gerade zur Hauptpflicht gehört, fremden Personen in Unglücksfällen Hilfe zu leisten. Der BGH erklärte in unserem Ausgangsfall, dass sich auch Lehrkräfte im Rahmen eines Amtshaftungsanspruchs nicht darauf berufen könnten:

„Zwar sind die Sportlehrer des Beklagten keine professionellen Nothelfer, bei denen – wie im Bereich der öffentlich-rechtlich organisierten Gefahrenabwehr – die betroffene Tätigkeit den Kernbereich ihrer öffentlich-rechtlich zugewiesenen Aufgaben bildet. Indes sind die Grundgedanken […] auch im vorliegenden Fall anzuwenden. Denn die Situation einer Sportlehrkraft, die bei einem im Sportunterricht eintretenden Notfall tätig wird, ist insoweit ebenfalls nicht mit der einer spontan bei einem Unglücksfall Hilfe leistenden unbeteiligten Person zu vergleichen. Die Sportlehrer des Beklagten mussten – anders als etwa Schüler – nicht zur Hilfeleistung ermutigt und deshalb geschützt werden, weil sie sich zu spontaner Hilfe entschlossen haben. Ihnen oblag die Amtspflicht, etwa erforderliche und zumutbare Erste-Hilfe-Maßnahmen rechtzeitig und in ordnungsgemäßer Weise durchzuführen. Um dies zu gewährleisten, mussten die Sportlehrer des beklagten Landes über eine aktuelle Ausbildung in Erster Hilfe verfügen […]. Die Situation des § 680 BGB entspricht damit zwar der von Schülern, aber nicht der von Sportlehrern, zu deren öffentlich-rechtlichen Pflichten jedenfalls auch die Abwehr von Gesundheitsschäden der Schüler gehört. Selbst wenn es sich nur um eine Nebenpflicht der Sportlehrer handelt, sind Sinn und Zweck von § 680 BGB mit der Anwendung im konkreten Fall nicht vereinbar. […] Zur Führung des übernommenen Amtes gehören bei Sportlehrern aber auch die im Notfall gebotenen Erste-Hilfe-Maßnahmen. Dazu stände eine Haftungsbeschränkung auf grobe Fahrlässigkeit in Widerspruch. Eine solche einschneidende Haftungsbegrenzung erscheint dem Senat auch vor dem Hintergrund nicht gerechtfertigt, dass mit jedem Sportunterricht für die Schüler gewisse Gefahren verbunden sind. Es wäre aber nicht angemessen, wenn der Staat einerseits die Schüler zur Teilnahme am Sportunterricht verpflichtet, andererseits bei Notfällen im Sportunterricht eine Haftung für Amtspflichtverletzungen der zur Durchführung des staatlichen Sportunterrichts berufenen Lehrkräfte nur bei grober Fahrlässigkeit und damit nur in Ausnahmefällen eintreten soll.“[139]

Der BGH differenziert für den Schulbereich somit nach zwei Personengruppen, die Erste Hilfe leisten: Lehrkräfte und Schülerinnen/Schüler. Erste können sich nicht auf den reduzierten Verschuldensmaßstab berufen, da die Pflicht zur Vornahme von Erste-Hilfe-Maßnahmen für sie eine Nebenamtspflicht sei und insoweit der normale Verschuldensmaßstab aus § 276 BGB für sie gelten (vgl. dazu oben unter 3.1.5). Ergreifen hingegen Schüler gegenüber anderen Schülern, Lehrkräften oder sonstigen Personen lebensrettende Sofortmaßnahmen, so können sie sich stets auf § 680 BGB berufen.

4.3 Keine Beweislastumkehr zulasten der Lehrkräfte

Die obige Entscheidung des BGH ist aber auch noch aus einem weiteren Grund für Erste-Hilfe-Maßnahmen von Lehrkräften von großer Bedeutung: Immer, wenn sich Amtshaftungsansprüche eines Opfers gegen einen professionellen Ersthelfer aufgrund grob fahrlässigen Verhaltens richten, tritt für die Frage der Kausalität – Sie erinnern sich: der Zusammenhang zwischen Handlung und Schaden (vgl. 3.1.3) – eine Beweislastumkehr ein mit der Folge, dass der professionelle Helfer beweisen muss, dass sein Verhalten nicht ursächlich für den Schaden war.

PRAXIS BEISPIEL

> Ein Kind erleidet während eines Schwimmbadbesuchs massive und irreparable Hirnschäden, weil es sich an der Befestigungsschnur einer Boje verfängt und dadurch mehrere Minuten unter Wasser gedrückt wird. Der Schwimmmeister muss nun beweisen, dass er seiner geforderten „Wasserbeobachtungspflicht" mit einer Überwachung des gesamten Schwimm- und Sprungbereichs und gegebenenfalls häufigeren Standortwechseln nachgekommen ist und dass trotz dieser ordnungsgemäßen Aufsichtsführung das Ertrinken des Mädchens nicht zu erkennen gewesen wäre.[140]

Diese Beweislastumkehr gilt nach der Rechtsprechung des BGH jedoch nur für professionelle Ersthelfer, für die die Hilfeleistungspflicht eine Hauptpflicht darstellt. Auf andere Personengruppen wie Lehrkräfte, für die die Pflicht zur Vornahme von Erste-Hilfe-Maßnahmen nur eine Nebenamtspflicht ist, findet die Beweislastumkehr mangels Vergleichbarkeit hingegen keine Anwendung: Die „Hauptaufgabe der Schule besteht in der Erziehung und Unterrichtung der ihr anvertrauten Schüler. Bei der Durchführung dieser Aufgabe trifft die Schule zwar auch die Amtspflicht, die Schüler zu beaufsichtigen, um sie im rechtlich und tatsächlich möglichen und zumutbaren Umfang vor Schäden an Gesundheit und Vermögen zu bewahren. Die daraus folgende Amtspflicht zur Ersten Hilfe bei Notfällen ist wertungsmäßig jedoch nur eine die oben angesprochene Hauptpflicht begleitende Pflicht beziehungsweise Nebenpflicht [...]. Die Sportlehrer werden an der Schule nicht primär oder in erster Linie – sondern vielmehr ‚auch' – eingesetzt, um in Notsituationen Erste-Hilfe-Maßnahmen durchführen zu können. Eine Verletzung dieser Nebenpflicht, auch wenn sie grob fahrlässig erfolgt sein sollte, rechtfertigt keine Beweislastumkehr in Anlehnung an die oben aufgeführten Fallgruppen."[141]

Fußnoten

1 BGH, Urt. v. 16.4.1964 – III ZR 83/63 = NJW 1964, S. 1670.
2 OLG Celle, Urt. v. 21.1.1995 – 16 U 120/94 = NVwZ-RR 1996, S. 153f.
3 BGH, Urt. v. 13.12.2012 – III ZR 226/12 = NJW 2013, S. 1233.
4 BGH, Urt. v. 10.10.1957 – III ZR 78/56 = VersR 1957, S. 755.
5 LG Bonn, Urt. v. 5.9.2012 – 1 O 110/12 = juris (Rdnr. 12).
6 LG Bonn, a.a.O. (Rdnr. 13).
7 OLG Celle, Urt. v. 8.10.1985 – 16 U 35/85 = SPE n.F. 140 Nr. 7.
8 BGH, Urt. v. 19.06.1972 – III ZR 80/70 = VersR 1972, S. 979.
9 BVerwG, Urt. v. 8.9.1978 – 6 C 46.78 = ZBR 1979, S. 202.
10 OVG Rheinland-Pfalz, Beschl. v. 11.12.2003 – 2 B 11864/03.OVG = NVwZ-RR 2004, S. 421.
11 BGH, Urt. v. 27.04.1981 – III ZR 47/80 = VersR 1981, S. 849f.
12 BGH, Urt. v. 7.10.1976 – III ZR 128/74 = VersR 1977, S. 222f.
13 LG Hagen, 2.4.1954 – 2 O 554/53 = SPE a.F. VI F V/101.
14 VGH Baden-Württemberg, Urt. v. 24.11.1987 – 9 S 592/86 = ESVGH 38, S. 86.
15 LG Rottweil, Urt. v. 17.12.1969 – 2 O 144/69 = NJW 1970, S. 474.
16 BGH, Urt. v. 2.5.1978 – VI ZR 110/77 = NJW 1978, S. 1629.
17 Die Gemeinde ist der „Unternehmer", in dessen „Betrieb" sich der Unfall ereignet.
18 OLG Hamm, Urt. v. 17.10.2007 – 11 U 132/06 = dejure.org.
19 BGH, Urt. v. 7.10.1976 – III ZR 128/74 = VersR 1977, S. 222.
20 BGH, Urt. v. 7.10.1976 – III ZR 128/74 = VersR 1977, S. 223.
21 OLG Dresden, Urt. v. 14.10.1998 – 6 U 1485/98 = NJW-RR 1999, S. 1744, bestätigt durch BGH, Urt. v. 26.11.2002 – VI ZR 449/01 = NJW 2003, S. 1121.
22 Gem. § 136 Abs. 3 Nr. 3 SGB VII ist der Sachkostenträger (d.h. der Schulträger) „Unternehmer" i.S.v. §§ 104ff. SGB VII.
23 OLG Köln, Urt. v. 25.2.1999 – 7 U 148/98 = MDR 1999, S. 1000.
24 OLG Hamm, Urt. v. 14.1.1994 – 11 U 93/93 = NJW 1994, S. 3236.
25 OLG Hamm, a.a.O.
26 So auch Rux (2018), S. 316 (Rdnr. 1165).
27 So auch Avenarius & Hanschmann (2019), S. 626.
28 Z.B. Margies & Rieger (2000), S. 299.
29 OVG Rheinland-Pfalz, Beschl. v. 11.12.2003 – 2 B 11864/03.OVG = SPE 140 Nr. 10.
30 OVG NRW, Beschl. v. 30.4.2010 – 19 A 993/07 = NVwZ-RR, S. 643 (S. 644).
31 § 832 BGB. Der eigentliche Amtshaftungsanspruch ergibt sich ausschließlich aus Art. 34 GG i.V.m. § 839 Abs. 1 BGB; eine analoge Anwendung von § 832 BGB ist hier ausgeschlossen, vgl. z.B. OLG Karlsruhe, Urt. v. 30.3.2006 – 12 U 298/05 = dejure.org.
32 Vgl. beispielsweise Böhm (2011, S. 17ff.) oder Margies & Rieger (2000), S. 266.
33 Rademacher (2012), S. 280f. So wohl auch Füssel (2010, S. 712), der für Formen freier Unterrichtsgestaltung eine gelegentliche Beaufsichtigung für ausreichend hält.
34 In der Entscheidung ging es um einen 15-jährigen Schüler, der während der Schulzeit einen Reitstall entzündete, wobei mehrere Pferde verendeten.
35 OLG Düsseldorf, Urt. v. 18.12.1997 – 18 U 82/97 = NJW-RR 1999, S. 1620.

36 So die wohl überwiegende Meinung, vgl. aus der Rechtsprechung nur BGH, Urt. v. 13.12.2012 – 226/12 = juris, BGH, Urt. v. 10.7.1984 – VI ZR 273/82 = FamRZ 1984, S. 984; Schoof (1999), S. 45 mit weiteren Nachweisen.

37 BGH, Urt. v. 24.3.2009 – VI ZR 51/08 = NJW 2009, S. 1952.

38 BGH, Urt. v. 24.3.2009 – VI ZR 199/08 = NJW 2009, S. 1954.

39 OLG Düsseldorf, Urt. v. 18.12.1997 – 18 U 82/97 = NJW-RR 1999, S. 1620.

40 OLG Düsseldorf, a.a.O.

41 LG Erfurt, Urt. v. 21.4.1998 – 6 O 4150/97 = NVwZ-RR 1999, S. 363.

42 LG Erfurt, Urt. v. 21.4.1998 – 6 O 4150/97 = NVwZ-RR 1999, S. 364.

43 So auch Bernau (2018), S. 226 (Rdnr. 123).

44 BGH, Urt. v. 6.4.1976 – VI ZR 93/75 = NJW 1976, S. 1684.

45 LG Neubrandenburg, Beschl. v. 2.2.2010 – 4 O 209/09 = juris (Rdnr. 22).

46 AG Augsburg, Urt. v. 4.2.2010 – 15 C 259/09 = juris (Rdnr. 18).

47 OLG Düsseldorf, Urt. v. 18.12.1997 – 18 U 82/97 = NJW-RR 1999, S. 1620.

48 BGH, Urt. v. 7.10.1976 – III ZR 128/74 = DVBl. 1977, S. 283.

49 OLG Stuttgart, Urt. v. 22.12.1971 – 4 U 103/71 = SPE a.F. VI F III/21.

50 Harmlose blaue Flecke stellen unerhebliche Beeinträchtigungen dar, die nicht den Tatbestand der Körperverletzung erfüllen, vgl. Rengier (2018), S. 110 (Rdnr. 12).

51 LG Berlin, Beschl. v. 18.12.2009 – 518 Qs 60/09 = BeckRS 2010, 2070.

52 Gegen eine Anwendbarkeit spricht sich z.B. Jahn (2010) aus.

53 So wohl auch Füssel (2010, S. 712), der für Formen freier Unterrichtsgestaltung eine gelegentliche Beaufsichtigung für ausreichend hält.

54 LG Hamburg, Urt. v. 26.4.1991 – 303 O 174/90 = NJW 1992, S. 377.

55 So im Ergebnis auch die Verwaltungsvorschriften für Mecklenburg-Vorpommern, Nordrhein-Westfalen und das Saarland.

56 BGH, Urt. v. 28.6.1965 – III ZR 35/64 = NJW 1965, S. 1760.

57 So z.B. Sachsen-Anhalt im Runderlass „Allgemeine Hinweise zur Aufsichtspflicht an allgemeinbildenden Schulen – Aufsichtspflicht“ (SVBl. LSA 2012, S. 29, Ziff. 1.4).

58 BGH, Urt. v. 16.4.1964 – III ZR 83/63 = NJW 1964, S. 1670.

59 LG Hamburg, Urt. v. 31.10.2014 – 303 O 39/14 = juris (Rdnr. 18 f.).

60 BGH, Urt. v. 16.4.1964 – III ZR 83/63 = NJW 1964, S. 1670.

61 LG Flensburg, zitiert nach Walz (2001), S. 16.

62 OVG NRW, Beschl. v. 30.4.2010 – 19 A 993/07 = NVwZ-RR, S. 643.

63 OVG NRW, a.a.O., S. 644..

64 BSG, Urt. v. 23.1.2018 – B 2 U 8/16 R = juris (Rdnr. 16f.)

65 So auch Ziff. 1 der Verwaltungsvorschriften zu § 57 Abs. 1 SchulG – Aufsicht (NRW).

66 Z.B. Verwaltungsvorschrift zu § 57 Abs. 1 SchulG (NRW).

67 So auch im Ergebnis die o.g. Verwaltungsvorschrift zu § 57 Abs. 1 SchulG (NRW).

68 AG Cham, Urt. v. 25.03.1988 – CS 126 Js = NStE Nr 7 zu § 230 StGB.

69 Deutsche Gesetzliche Unfallversicherung (2018), S. 6 ff.

70 OLG Frankfurt, Urt. v. 18.12.1980 – 1 W 32/80 = VersR 1981, S. 538; OLG Frankfurt, Urt. v. 7.6.1982 – 1 U 154/81 = VersR 1983, S. 881; VGH Baden-Württemberg, 7.6.1984 – 11 S 2127/81 = NJW 1985, S. 2603.

71 Vgl. z.B. Nr. 5.2.1.7 Runderlass „Bestimmungen für den Sportunterricht“ (Nds.).

72 BGH, Urt. v. 13.3.1962 – VI ZR 142/61 = NJW 1962, S. 959.

73 OLG Hamm, Urt. v. 20. 10. 1999 – 13 U 76/99 = juris (Rdnr. 22).
74 LG Deggendorf, Urt. v. 12. 11. 2014 – 22 O 298/14 = juris (Rdnr. 11).
75 LG Augsburg, Urt. v. 28. August 2017 – 34 O 8/17 = juris (Rdnr. 16).
76 OLG Düsseldorf, Urt. v. 2. 10. 1975 – 18 U 1/75 = VersR 1976, S. 835.
77 BGH, Urt. v. 3. 7. 1958 – III ZR 88/57 = MDR 1958, S. 752.
78 AG Bonn, Urt. v. 8. 3. 2006 – 11 C 478/05 = NJW-RR 2006, S. 1457.
79 OLG Düsseldorf, Urt. v. 14. 06. 1965 – 18 U 18/64 = VersR 1965, S. 1179.
80 Vgl. zum Folgenden Rademacher (2018), S. 96 f.
81 BVerwG, Urt. v. 11. 9. 2013 – 6 C 25/12 – „Burkini" = juris (Rdnr. 30).
82 OLG Bremen, Urt. v. 7. 1. 1976 – 3 U 68/75 = RdJB 1977, S. 388.
83 OLG Bremen, a. a. O.
84 OLG Frankfurt, Urt. v. 18. 01. 2010 – 1 U 185/08 = NVwZ-RR 2010, S. 479.
85 Vgl. OLG Frankfurt, a. a. O.; OLG Hamm, Urt. v. 17. 10. 2007 – 11 U 132/06 = juris; OLG Düsseldorf, Urt. v. 14. 12. 1995 – 18 U 91/95 = NJW-RR 1996, S. 671; OLG Celle, Urt. v. 21. 1. 1995 – 16 U 120/94 = NVwZ-RR 1996, S. 153; LG Aachen, Urt. v. 15. 11. 1991 – 4 O 319/91 = NJW 1992, S. 1051.
86 OLG Hamm, Urt. v. 17. 10. 2007 – 11 U 132/06 = juris (Rdnr. 12).
87 OLG Hamm, a. a. O.
88 OLG Hamm, a. a. O.
89 KG Berlin, Urt. v. 17. 02. 1967 – 9 W 2588/66 = SPE S VI F I/13.
90 BGH, Urt. v. 13. 12. 2012 – III ZR 226/12 = juris.
91 VGH Baden-Württemberg, Urt. v. 24. 11. 1987 – 9 S 592/86 = ESVGH 38, S. 86.
92 So z. B. in Mecklenburg-Vorpommern für den Schulbesuch ab der 5. Jahrgangsstufe.
93 Vgl. z. B. OLG Hamm, Urt. v. 17. 10. 2007 – 11 U 132/06 = juris.
94 LG Itzehoe, Urt. v. 24. 03. 1983 – 7 O 485/82 = SPE S VI F/107.
95 Vgl. hierzu Böhm (2011), S. 12.
96 LG Landau, Urt. v. 16. 6. 2000 – 1 S 105/00 = NJW 2000, S. 2904.
97 Anders hingegen Böhm (2004), S. 130.
98 So wohl auch OLG Celle, Urt. v. 21. 1. 1995 – 16 U 120/94 = NVwZ-RR 1996, S. 153.
99 LG Landau, a. a. O.
100 So wohl auch VG Braunschweig, Beschl. v. 5. 6. 2000 – 6 B 330/00 = juris.
101 BGH, Urt. v. 27. 2. 1996 – VI ZR 86/95 = NJW 1996, S. 1404; OLG Dresden, Urt. v. 4. 12. 1996 – 6 U 1393/96 = NJW-RR 1997, S. 857.
102 OLG Hamm, Beschl. v. 2. 5. 1991 – 6 W 7/91 = OLGZ 1992, S. 95.
103 Vgl. BSG, Urt. v. 5. 10. 1995 – 2 RU 44/94 = BB 1996, S. 382, das es für ausreichend gehalten hat, dass der aufsichtführende Lehrer gegen 23.30 Uhr den Jungentrakt abschloss, den Schülern allerdings noch gestattete, Musik zu hören.
104 Darauf, dass die Eltern die Kosten für die vorzeitige Rückfahrt tragen, weisen auch das OVG NRW (Beschl. v. 30. 4. 2010 – 19 A 993/07 = NVwZ-RR 2010, S. 643 [S. 644]) sowie das LG Flensburg (Urt. v. 3. 9. 1982 – 3 O 219/82 = SPE II H I, S. 51) hin.
105 OVG NRW, Beschl. v. 30. 4. 2010 – 19 A 993/07 = NVwZ-RR 2010, S. 643.
106 OVG NRW, a. a. O., S. 644.
107 Vgl. § 31 Abs. 3 HmbSG.
108 LG Rottweil, Urt. v. 10. 9. 1971 – 1 Ns 84/71 = SPE a. F. VI H II/101.

109 Vgl. z. B. BGH, Urt. v. 2. 10. 1979 – VI ZR 106/78 = VersR 1980, S. 67; BGH, Urt. v. 12. 6. 1990 – VI ZR 273/89 = NJW-RR 1990, S. 1245; OLG Köln, Urt. v. 16. 3. 1995 – 7 U 19/94 = BWGZ 1997, S. 136; OLG Koblenz, Urt. v. 22. 11. 2000 – 1 U 1645/97 = NJW-RR 2001, S. 318; OLG Frankfurt, Urt. v. 2. 2. 2004 – 1 U 7/04 = juris.
110 OLG Koblenz, Urt. v. 2. 2. 1994 – 1 U 1278/90 = VersR 1995, S. 50.
111 OLG Köln, a. a. O.
112 OLG Köln, Urt. v. 29. 10. 1985 – Ss 301/85 = NJW 1986, S. 1947.
113 OLG Koblenz, Urt. v. 19. 10. 1999 – 1 U 1654/96 = juris (Rdnr. 21 f.).
114 OLG Koblenz, a. a. O. (Rdnr. 16 f.).
115 OLG Köln, Urt. v. 25. 2. 1999 – 7 U 148/98 = MDR 1999, S. 1000.
116 Vgl. § 2 Abs. 1 Nr. 8b SGB VII i. V. m. §§ 104, 105, 106 SGB VII.
117 BGH, Urt. v. 30. 3. 2004 – VI ZR 163/ 03 = juris.
118 So die vorherrschende Meinung, vgl. nur BGH, Urt. v. 11. 2. 2003 – VI ZR 34/02 = BGHZ 154, S. 11 ff. Nach anderer Meinung soll es ausreichen, wenn sich der Vorsatz auf die schädigende Handlung bezieht, der Schaden selbst brauche nicht billigend in Kauf genommen zu werden.
119 BGH, Urt. v. 11. 2. 2003 – VI ZR 34/02 = BGHZ 154, S. 11.
120 Vgl. § 110 Abs. 1 S. 1 SGB VII bzw. Art. 34 S. 2 GG i. V. m. § 48 S. 1 BeamtStG; der Versicherungsträger der Gesetzlichen Unfallversicherung kann aber insbesondere unter Berücksichtigung der wirtschaftlichen Verhältnisse des Lehrers auf den Regressanspruch verzichten, § 110 Abs. 2 SGB VII.
121 OLG Dresden, Urt. v. 15. 8. 2018 – 1 U 242/18 = juris (Rdnr. 29).
122 Nach BGH, Urt. v. 4. 2. 1980 – II ZR 55/79 = VersR 1980, S. 573.
123 BGH, a. a. O.
124 BGH, Urt. v. 27. 1. 1994 – III ZR 109/92 = juris (Rdnr. 33).
125 LG Aachen, Urt. v. 15. 11. 1991 – 4 0 319/91 = NJW 1992, S. 1051.
126 Vgl. Ziff. 5.5.4 Durchführungshinweise zu Schülerfahrten. Bekanntmachung des Bayerischen Staatsministeriums für Unterricht und Kultus vom 9. Juli 2010.
127 LG Augsburg, Urt. v. 28. 8. 2017 – 34 O 8/17 = BeckRS 2017, 143254.
128 Vgl. umfassend dazu Rohlfing (2015), S. 132 ff.
129 OLG Celle, Urt. v. 21. 1. 1995 – 16 U 120/94 = NVwZ-RR 1996, S. 153f.
130 Zimmerling (2017).
131 BGH, Urt. v. 20. 11. 2015 – V ZR 217/14 = juris (Rdnr. 19).
132 BGH, Urt. v. 18. 2. 2014 – VI ZR 51/13 = juris (Rdnr. 7).
133 OLG Hamm, Urt. v. 27. 3. 2013 – I-11 U 25/12 = juris (Rdnr. 33 ff.).
134 BGH, Urt. v. 13. 12. 2012 – III ZR 226/12 = NJW 2013, S. 1233.
135 BVerwG, Urt. v. 23. 04. 1985 – 2 WD 42.84 = BVerwGE 83, S. 1 (S. 4).
136 ArbG Düsseldorf, Urt. v. 17. 5. 2010 – 12 Ca 927/10 = juris (Rdnr. 43).
137 LG Aachen, Urt. v. 2. 11. 1998 – 67 KLs 42 Js 591/97 = n. v.
138 BGH, Urt. v. 14. 6. 2018 – III ZR 54/17 = juris (Rdnr. 55).
139 BGH, Urt. v. 4. 4. 2019 – III ZR 35/18 = juris (Rdnr. 32).
140 Vgl. zu diesem Fall BGH, Urt. v. 23. 11. 2017 – III ZR 60/16 = BGHZ 217, S. 50.
141 BGH, Urt. v. 4. 4. 2019 – III ZR 35/18 = juris (Rdnr. 23).

Literatur

AVENARIUS, HERMANN / HANSCHMANN, FELIX (2019): Schulrecht. Ein Handbuch für Praxis, Rechtsprechung und Wissenschaft, 9. Auflage, Neuwied (= Reihe Handbuch Schulrecht)

BERNAU, FALK (2018): § 832, in: HORN, NORBERT (Hrsg.), J. v. Staudingers Kommentar zum Bürgerlichen Gesetzbuch mit Einführungsgesetz und Nebengesetzen. Buch 2: Recht der Schuldverhältnisse, Berlin, S. 171–280

BÖHM, THOMAS (2011): Aufsicht und Haftung in der Schule. Schulrechtlicher Leitfaden, 4. Auflage, Neuwied u. a. (= Praxishilfen Schule)

BÖHM, THOMAS (2004): Die Freizeit-Klassenfahrt, in: SchulRecht (8), Heft 6–8, S. 130

DEUTSCHE GESETZLICHE UNFALLVERSICHERUNG (DGUV) (Hrsg.) (2018): Statistik Schülerunfallgeschehen 2017, Berlin

FÜSSEL, HANS-PETER (2010): Pflichten der Lehrkräfte, in: Avenarius, Hermann: Schulrecht. Ein Handbuch für Praxis, Rechtsprechung und Wissenschaft, 8. Auflage, Neuwied, S. 692–716

JAHN, MATTHIAS (2010): Anmerkung zu LG Berlin, Beschl. v. 18. 12. 2009-518 Qs 60/09, in: Juristische Schulung (50), H. 5, S. 458–460

MARGIES, DIETER / RIEGER, GERALD (2000): Aufsicht und Haftung in der Schule, in: Recht der Jugend und des Bildungswesens (48), H. 3, S. 280–302

RADEMACHER, STEPHAN (2018): Schulrecht, Berlin (= Reihe Schule leiten von A bis Z)

RADEMACHER, STEPHAN (2012): Die Aufsichtspflicht der Lehrkräfte. Kritische Anmerkungen zur schulrechtlichen Literatur, in: Recht der Jugend und des Bildungswesens (60), H. 2, S. 278–290

RENGIER, RUDOLF (2018): Strafrecht, besonderer Teil. Band 2: Delikte gegen die Person und die Allgemeinheit, 19. Auflage, München (= Reihe Grundrisse des Rechts)

ROHLFING, BERND (2015): Amtshaftung: Drittbezogenheit – Verschulden – Kausalität – Haftungsbeschränkungen – Schaden – Rückgriff. Dogmatische Untersuchung zu ausgewählten Anspruchsvoraussetzungen und Rechtsfolgen im Amtshaftungsrecht, Göttingen (= Reihe Universitätsdrucke Göttingen)

RUX, JOHANNES (2018): Schul- und Prüfungsrecht. Band 1: Schulrecht, 6. Auflage, München (= Schriftenreihe der Neuen juristischen Wochenschrift, Band 27/1)

SCHOOF, TESSA (1999): Die Aufsichtspflicht der Eltern über ihre Kinder i. S. d. § 832 Abs. 1 BGB, Frankfurt u. a. (= Europäische Hochschulschriften: Reihe 2, Rechtswissenschaft, Band 2657; zugl.: Hamburg, Univ., Diss., 1999)

WALZ, GESINE (2001): Rechtsprechungsübersicht zu Fragen der Aufsicht und Haftung in der Schule, in: SchulVerwaltung. Spezial, Sonderausgabe 3, S. 38–47

ZIMMERLING, WOLFGANG (2017): § 839 BGB, in: Herberger, Maximilian u. a. (Hrsg.): jurisPK-BGB. Band 2 – Schuldrecht, 8. Auflage, Saarbrücken

Übersicht über die Landesvorschriften

Baden-Württemberg
Soweit ersichtlich nicht vorhanden

Bayern
Durchführungshinweise zu Schülerfahrten (Bekanntmachung des Bayerischen Staatsministeriums für Unterricht und Kultus, KWMBl. 2010, S. 204)

Berlin
Ausführungsvorschriften über die Wahrnehmung der Aufsichtspflicht im schulischen Bereich und die Verkehrssicherungspflicht sowie die Haftung (AV Aufsicht) (Sen BildJugSport II C 3.7)

Brandenburg
Verwaltungsvorschriften über die Wahrnehmung der Fürsorge- und Aufsichtspflicht im schulischen Bereich (Abl. MBJS/96, S. 383)

Bremen
Orientierungshilfe „Aufsichtspflicht" (BrSBl, Nr. 236.01)
Richtlinien über Schwimmunterricht, Schwimmen und Wassersportarten im Rahmen des Schulsports im Lande Bremen (BrSBl, Nr. 233.01)
Richtlinien für das Trampolinspringen (BrSBl Nr. 233.02)

Hamburg
Grundsätze zur Sicherheit im Schulsport (MBlSchul 2007, S. 58)
Richtlinien für Schulfahrten (MBlSchul 2016, S. 27)
Richtlinie über das Verlassen des Schulgeländes während der Pausen und Freistunden (MBlSchul 2005, S. 35)

Hessen
Verordnung über die Aufsicht über Schülerinnen und Schüler – Aufsichtsverordnung, AufsVO (ABl. 2014, S. 2)

Mecklenburg-Vorpommern
Hinweise zur Schulorganisation für allgemeinbildende Schulen (Verwaltungsvorschrift des Ministeriums für Bildung, Wissenschaft und Kultur)
Durchführung von Schulwanderungen und Schulfahrten an öffentlichen allgemeinbildenden und beruflichen Schulen (Verwaltungsvorschrift des Ministeriums für Bildung, Wissenschaft und Kultur, Mittl.bl. M–V 2018, S. 86)

Niedersachsen

Bestimmungen für den Schulsport (RdErl. d. MK, SVBl., S. 359)

Richtlinie zur Sicherheit im Unterricht (RiSU) (RdErl. d. MK u. d. MU, VORIS 22410)

Schulfahrten (RdErl. d. MK, SVBl, S. 548)

Nordrhein-Westfalen

Verwaltungsvorschriften zu § 57 Abs. 1 SchulG – Aufsicht (ABl. NRW., S. 289)

Sicherheitsförderung im Schulsport (ABl. NRW 12/14, S. 591)

Rheinland-Pfalz

Aufsicht in Schulen (GAmtsbl. 1999, S. 328)

Saarland

Erlass zur Aufsichtspflicht der Lehrkräfte, zur Haftung und zur Unfallversicherung im Bereich der allgemeinbildenden und berufsbildenden Schulen des Saarlandes (GMBI. Saar, S. 471)

Erlass über Bildungs- und Erziehungsarbeit an außerschulischen Lernorten sowie über die Festsetzung von Pauschvergütung gemäß § 18 des Saarländischen Reisekostengesetzes (SRKG) (Schulfahrtenerlass) (Amtsbl. d. S., Nr. 34-2016_teil_I, S. 822–828 + Nr. 49-2016, S. 11)

Sachsen

VwV-Schulfahrten (SächsABl., S. 372)

Sachsen-Anhalt

Allgemeine Hinweise zur Aufsichtspflicht an allgemeinbildenden Schulen – Aufsichtspflicht (SVBl. LSA 2012, S. 29)

Schleswig-Holstein

Lernen am anderen Ort (Runderlass des Ministeriums für Bildung und Frauen, NBI.MBF.Schl.-H. 2006, S. 167)

Thüringen

Lernen am anderen Ort. Hinweise des Thüringer Ministeriums für Bildung, Jugend und Sport für die staatlichen allgemein bildenden und berufsbildenden Schulen (Schulportal Thüringen)

Verwaltungsvorschrift für die Durchführung von Wandertagen und Klassenfahrten (ABl. TMBJS 2016, S. 186)

Register